強運達人

日本全民導師40堂安穩生活的人生解憂諮詢室

美輪明宏

おだやかに生きるための人生相談

MIWA AKIHIRO

1
Chapitre

愛慾的糾結與煩惱

恋と欲望といかにつきあうか

2
Chapitre

夫妻，最熟悉的陌生人：本應相愛的兩人，爲何成了怨偶？

愛したはずが憎しみに変わる、夫婦という関係

3 Chapitre

手足、親戚、朋友……麻煩人際關係的整理術

きょうだい、親戚、友人、厄介な人づき合いの整理法

4
Chapitre

深愛孩子的父母、痛恨雙親的孩子

子どもを愛する親、親を憎む子ども

5
Chapitre

我們活在多元的世界

私たちは多様な世界に生きているのです

6
Chapitre

人生在世一定要懂的生活智慧

生きるために必要な知恵とは

1 Chapitre

愛慾的糾結與煩惱

恋と欲望といかにつきあうか

Q 01

下定決心整形卻失敗了，我該怎麼辦？

女性 30多歲

我今年三十多歲，單身。也許是天生的自卑感比人強，一直以來，我都無法喜歡那個忍不住跟他人比較的自己。

而且，可能是成長過程中一直被家人叫「醜八怪」，我對自己的外表很沒有自信。

因此，我努力琢磨內在，增進內涵。我讀了很多書，增加知識；也常接觸藝術，磨練美學修養；還一個人到國外旅行，增廣見聞。

在國外，置身於各式各樣的人種之間，我感覺到「每個人生來就不一樣」，心情也比在日本時輕鬆了許多。

可是，一旦回到日本，又會忍不住拿自己跟他人比較。心裡真的很痛苦。我討厭自己難看的容貌，於是下定決心整容。心想只要手術成功，就可以克服自卑。誰知手術竟失敗了，鼻子變得左右不對稱，比先前還醜。但我再也不敢動整容手術了。自此以後，日常生活中只好極力避免照到鏡子。

想活得輕鬆一點，怎麼就這麼難呢？美輪老師，請告訴我該怎麼辦。

A

回答

用笑容和優美的儀態，顛覆他人對你的偏見

女人的價值不是只能用容貌來評量喔！女性的魅力可以分成以下幾種等級：

第一等，人美心也美的「麗人」。人品高潔，兼具教養與內涵，個性好，姿容也端麗，舉手投足優雅動人。如此完美的人，現實生活中根本不存在。

第二等，「美人」。知識跟教養不算上等，但面容姣好、五官端正，加之待人體貼，具備人格上的魅力。

第三等，「漂亮的人」。除了長得好看以外，沒有其他優點。

最末等，「醜女」。要外表沒外表，要人品沒人品，連最基本的體貼也做不到。一定要避免自己變成那樣。腦袋靈光卻沒人品的人，很容易作奸犯科。

前來向我諮詢的這位小姐，建議你用「人品」來決一勝負。當然，這不是件容易的事，就先從練習微笑開始吧！我不是否定美容整形，只是這方法比花大錢做整形手術實惠多了。一開始就算有點勉強，也要提醒自己常保笑容喔。

世人容易對長得不好看的女性抱持偏見，覺得這樣的人大多性格陰沉、善妒，而且心態扭曲。你要顛覆這種偏見，讓對方覺得自己看走了眼。「這個人明明長得不好看，爲何臉上總帶著笑，一副開朗自信的模樣呢？」只要你收起心中陰暗的那一面，經常掛著從容的微笑，就能改變對方的偏見，讓他愛上你的人格魅力。

想要常保內心的從容自得，關鍵在於外在的姿勢。經常提醒自己抬頭挺胸，腰背挺直，不要含胸駝背、脖子前傾。想像自己飄浮在半空中，必須端正全身姿勢，豎直脖頸，才能更接近上帝。都說生理影響心理，一旦身體打直，理智也會恢復，精神隨之一振喔！眞是不可思議呢！

我們有時會在街頭看到普男和美女走在一起，或是帥哥跟普女並肩而行。有人說這是那些普男普女的床上功夫了得，才讓帥哥美女離不開他們。要發展到這一步，過程想必相當辛苦吧。

還有，女方的態度太過積極，也會讓男人失去胃口，興趣缺缺。與其剛認識就對男方窮追不捨，不如表現得對他一點意思都沒有，低調展現優雅，你在對方眼中的魅力值反而會增加十倍喔。

Q

02

我忘不了曾發生過肉體關係的女人們

男性 79歲

美輪老師的「煩惱大悶鍋」專欄，一直都是我的人生指南。在我四十八歲那年，第一任妻子因爲癌症過世。妻子離世的打擊使我深陷悲傷，好一段時間都處於憂鬱狀態，多虧當時身邊的女性朋友們給了我許多安慰，身心兩方面都是。說白一點，只要有機會，我就會跟她們上床。如今回想，對於當初溫柔撫慰我的女性朋友們，我仍滿懷感激。

後來我再婚，與第二任妻子建立了幸福的家庭。只是，有時我仍無法壓抑過去的強烈慾望。都這把年紀了，卻無法控制自己，明知不該這麼做，還是忍不住打電話給曾發生過關係的對象，想要重溫舊情。可想而知，她們二話不說都拒絕了我，就連好好聊天敍個舊也不能。

女人只要雙方關係生變，就會表現得很決絕無情，彷彿過往的一切從未發生過，可男人做不到啊！留戀舊情的我打了好幾通電話，全被她們拒絕了。

我也想面對現實、不再打擾她們啊！但慾望和不捨一直折磨著我，只能日復一日深陷在求歡與被拒的循環。

怎樣才能斷絕這樣的念頭呢？我也想像個乾脆果斷的男人，好好地享受人生！請您告訴我該如何是好。

A

回答

將注意力轉移到其他事上

七十九歲了性致還如此高昂，您的人生真是精采呢！身邊雖有再婚的太太陪伴，每天吃同款「定食」還是會膩，所以才想換換口味，嘗試不同菜色吧。沒辦法，誰叫「追求新鮮」本就是人類的天性。

不過，您會被從前的女人拒絕也是正常的。相較於愛做夢的男人，女人往往是更現實的那一方。對女人而言，即使當初再相愛，分手後就是陌生人了，才會對從前的戀人如此冷漠，彷彿過往的情愛從未發生過。男人就不同了，不管先前被甩時有多痛，之後也只會記得兩人性事有多合拍，才會像您這樣舊情難忘，主動聯絡對方。想當然耳，接到您的電話，女方只會冷淡回應：「我在忙，先掛了。以後別再打來。」想必不少男性朋友都有這樣的經驗吧！

如今年近八十，您在女方眼中早已不是異性，而是普通的老頭子。這一點請務必銘記在心。還有，強行要求女方發生關係是犯罪，跟蹤也是犯罪，倘若對方不願接聽，您卻一再打電話騷擾，也會構成犯罪喔。

其實，不是只有男人會沉迷於色慾。自古以來，也有女人耽溺色慾無法自拔。古老的傳說故事裡，就有迷戀年輕男子的美色、強行跟對方發生性關係的老太婆。

如何面對自己的慾望，是人類永遠的課題，人們終其一生都在思考「怎樣才能知足」。建議您可以試試禪修，不是「斷食道場」這類的苦修，而是學習清心寡慾，放下執著。您到這個年紀還如此有活力，尋找其他可以排遣寂寞的興趣也不錯。人類之所以發展出各種文化活動，就是爲了撫慰心靈。請透過其他管道，宣洩您心中的鬱悶，例如需要保持腦袋冷靜的圍棋、西洋棋或者將棋都很不錯，因爲過度感情用事，就贏不了你的對手。

建議您先去參訪禪寺，體會那個心境平和的世界，再嘗試圍棋或將棋之類的興趣。比起一直求歡被拒，夜夜只能咬著棉被忍耐慾火焚身，這樣絕對有益身心健康許多。

人生在世本就無法爲所欲爲，即使是名人或權貴，也同樣需要克制自己的慾望。所謂「人生」，就是一場學習「慾望管理」的修行。

Q

03

我看不透他的心

女性 20多歲

我是二十歲後段班。

煩惱是看不透男性友人在想什麼。

我喜歡那個人，認識他五年，一直以來都是朋友關係。我們從事相同職業，當初是在讀書會結識的。

由於彼此居住的地點相距甚遠，每年只在學會碰一次面。見面時會一起去吃個飯、喝個酒。我覺得對方知道我喜歡他。

最近他好像跟女友分手了，開始頻繁地聯絡我。然後，要求我和他發生肉體關係。

理由是：「我太寂寞了，你來安慰我啦！」、「我就性慾很強啊，眞是傷腦筋！」

每次我都當他在開玩笑，就此笑著帶過，但最近這一個月，他已經開口向我要求了五次。

如果他的要求是「跟我交往吧」，我會欣然接受。然而，他並沒有說出我想聽的話，只是一直纏著我跟他上床。

說實話，如果跟他上床可以發展成認眞的男女交往，答應他的要求也可以。可是，照眼下狀況看來，感覺只會被他當成炮友，睡完也不會有任何發展，因此我相當猶豫。

他到底在想什麼？怎樣才能知道他對我的眞正想法呢？請美輪老師告訴我！

A

回答

直接問他：「為何想跟我？」

對方沒說「請跟我交往」也沒說「我愛你」吧？換個角度看，其實也能說他個性耿直，有責任感。很多男人爲了哄女人上床，言不由衷的花言巧語可是張口就來呢。

放眼整個自然界，雄性動植物本就會依循四處播種的本能行動。前來諮詢的這位小姐，您這位「男性」朋友可能更適合用「雄性」來稱呼。

如果您眞的很在意對方的想法，不妨直球對決，當面問他：「爲何要找我？」、「只想跟我當炮友嗎？爲什麼？」、「愛與責任是一體的兩面，但你不想負責嗎？」

說到底，對方就是看穿您喜歡他，才會這樣明目張膽求歡，毫不掩飾自己「只要性，不要愛」的色心。這種男人只要察覺其他女人對自己有意思，馬上就會調轉方向，丟下你另尋炮友。

不過，權衡所有利弊以後，其實您也能選擇順勢而爲的做法。就像有人跟您性趣不合，相反的，也有一種人無論和誰都很合拍。法國作家梅里美的小說《卡門》裡的女主角，就是這種男女通吃的「魔性之女」。如果您多方「學習」，成爲像她那樣充滿魅力的女人，讓對方再也離不開你，自然無須擔心他被其他女人勾走。

不過，有件事我要提醒您。最好調查一下那位男性朋友和前女友分手的原因。本人應該不會主動提起，就算說了，也可能只是他的片面之詞，難辨眞假。可以的話，最好私下向旁人打聽。男方也許有什麼問題，或者明明沒和女友分手，爲了偷吃才對外宣稱「跟女友分手了」也不一定。

不過，這種壞男人確實是挺有魅力的。大多數「好人」只有善良，就是少了點性吸引力。目前您跟那位男性朋友的關係還不深，今後要怎麼做，請自己判斷，因爲您才是當事人。以上回覆僅供參考，希望可以幫到您。

Q 04

遲來的黃昏之戀，怎麼辦……

女性　70多歲

我參加中學的同學會，愛上睽違五十五年重逢的同屆同學。有時想起他就一陣揪心，眼淚止不住地流。都這個年紀了還談戀愛，又無法對旁人訴說，心裡真的很苦啊。「誰來救救我啊！」如果能大喊宣洩一下，心裡也會輕鬆一點吧……。

我跟他當初只是青春期的純愛，就是互相寫寫信、一起逛個美術館之類。後來，這段感情自然而然就淡了，出社會後各自組建家庭、生兒育女，如今雙方都成了看到孫子孫女就笑得滿臉皺紋的「阿公」、「阿嬤」。

後來，看到校友會會誌上的同學會通知，彼此都想知道「對方現在過得怎麼樣」。我們終於見面了，沉浸在重逢的喜悅，我們頻繁地互傳簡訊，當年沒能完整傳達給對方的愛重新被點燃，讓已屆古稀之年的我心煩意亂，連家事堆積如山也無暇顧及，不知該拿胸中這股越發熱烈的情感如何是好。

這份炙熱的感情，之後會自然冷卻嗎？真沒想到這把年紀，還能重溫青春期的美好純愛。狂喜的同時，我也覺得相當地不安，不知這段感情能持續到什麼時候，害怕彼此的能量有一天會燃燒殆盡。

我該怎麼辦呢？希望美輪老師能回答我的問題，麻煩您了。

A

回答

冷靜下來考慮現實層面的事

這位女士應該想要完成年輕時未完的夢，讓這段感情開花結果吧？都說「女人到死都能享受性愛」，可男人除非天賦異稟，不然這年紀那方面都已經不行了。一到關鍵時刻，可能只會讓男方難堪。當這種事不順利，男方往往會非常沮喪，心懷愧疚，怪自己心有餘而力不足。

而且，兩位都已經有孫輩了吧。從這位女士的信看來，您應該是感性大過理智的類型，是那種「愛做夢的少女」。所以才沒發現，冷靜下來考量現實問題的話，維持現況是對彼此最好的做法。倘若您任憑一時的激情暴衝，無論家庭或經濟方面，原本不成問題的許多事，頓時都會成爲超棘手的麻煩喔！

就算知道會變成這樣，您仍要不顧一切往前衝嗎？還是忍住衝動維持現狀，讓這份又甜又虐的純愛一直保持下去呢？到了這個地步，唯有當事人才能決定該怎麼做。我認爲，除了雙方的戀人或配偶等，沒人有權對旁人的下半生指手畫腳，我也沒有。

基於這個前提，我只想提醒您考量一下這些問題：如果眞的和對方在一起，雙方家人會有什麼反應？兩人一起生活的話，除了年金，是否還有其他經濟後盾呢？

即使克服經濟方面的問題，從雙方的年齡考量，隨時都有生病或受傷的可能。除了自己，還有其他人可以幫忙一起照顧對方嗎？雙方兒女此時願意協助嗎？

年輕的時候，也許眞能憑藉熱情克服所有障礙，可到了您這個年紀，還有「葬禮該怎麼辦？」這類高齡帶來的諸多問題。現實生活本就不如電視連續劇那般美好。請您預想一下，一旦發生這類問題或狀況，應該如何處理，還能拜託誰幫忙……。自己家人願意提供協助嗎？家人們都贊成您們在一起嗎？倘若這些問題都想清楚了，您想怎麼做就怎麼做吧。

最後還要提醒您一點：死後的殯葬問題也很重要喔。如果您們在一起，死後要入哪一家的祖墳呢？考量到先人及死後留下的家人，怎麼做才是最好的做法？諸如此類的問題，請您一一考慮清楚，理清思緒再做決定吧！

Q 05

交不到男朋友，好空虛……

女性 30多歲

我從事社福相關工作。一直以來，無法與人建立良好人際關係是我最大的煩惱。如今來到三十歲中段班，卻從未談過戀愛，這讓我覺得無比空虛，憂心這樣活著是否在浪費人生。

讀幼稚園時，我就跟其他孩子格格不入，無法和眾人打成一片，只能獨自一人畫畫解悶。性格任性的我，在家一有個不如意就大發雷霆，到了外面卻膽小起來，非常在意旁人對自己的看法。

從學生時代起，我就不擅長根據「當下氣氛」做出適當的反應或發言，工作能力也不高。在旁人眼中，想必就是那種「可有可無的人」吧。

不過，隨著年齡增長，我開始體認到與他人一起共渡的時光，還有親友和家人是多麼地可貴。這麼一來，交不到男朋友又使我倍感寂寞空虛。

我也清楚，自己不主動關懷他人，人家也不會喜歡你。只是，我真的不懂如何發自內心地體貼他人、關愛對方。我該怎麼辦呢？真的只能看開一切，認清「自己生來就是這樣」，接受現實活下去嗎？

如果有什麼好辦法，希望老師可以教教我。

A

回答

臉上常保親切笑容

從這位小姐的來信，看得出您從小就很自卑。讀了您的煩惱諮詢，感覺您應該很容易陷入負面思考，導致旁人覺得您個性陰沉不好相處。

從前我認識的朋友裡，有個女生長得並不好看，卻很受異性歡迎。我問男方：「喜歡她哪一點？」對方說：「我最喜歡她的笑容。一看到她溫柔的笑臉，感覺疲勞和煩惱全都一掃而空，被她療癒到了。想到若是與她共組家庭，就能一輩子看到這樣美好的笑容，於是就向她求婚了。」

這個女生也很受同性歡迎。她總是體貼旁人，凡事為人著想。大家嫌麻煩不想做的事，她都自告奮勇接下來做。試問，這樣的人怎麼可能不受歡迎？

她說自己小時候也會被霸凌，被嘲笑是「醜八怪」。「沒錯，我是長得不好看啊。」她坦然面對現實，轉而潛心培養內涵，提升自己的內在美。

前來諮詢的這位小姐，希望您先戒掉負面思考的習慣。不論異性或是同性，所有人都不愛接近個性陰沉的人。相反的，臉上經常掛著親切笑容的人，大家都想親近。看著您的笑容，周圍的人們也會感覺到一種「莫名的輕鬆自在」。

建議您多讀書，多看值得參考的老電影，學習如何當個受歡迎的人。人生就是不斷的學習。電影《男人眞命苦》（男はつらいよ）的人氣能夠歷久不衰，理由就在扮演主角阿寅的渥美清先生開朗的笑容。這位演員的外貌稱不上好看，卻很受歡迎。聰明如您，想必已經知道答案了吧。只要您能像燈火那般明亮，自然也能吸引異性如飛蛾那般想接近你。不只是異性，就連同性朋友也會增加不少喔！

最後我想提醒您：千萬不要覺得「我做不到」。您可以的！會來向我諮詢煩惱，代表您也認爲「不能再這樣放任自己不管」。可以察覺到自身的問題，就已經成功一半了。倘若您是那種全然不顧旁人觀感、絲毫不懂反省、個性剛愎自用之人，又怎會來諮詢我呢？

2 Chapitre

夫妻，最熟悉的陌生人：本應相愛的兩人，爲何成了怨偶？

愛したはずが憎しみに変わる、夫婦という関係

06

丈夫死前向我坦白從前的外遇

女性 75歲

我先生在他過世兩個月前告訴我：「我曾出軌長達二十年。」女方是他公司的同事，因爲工作關係，即使兩人經常一起外出，旁人也不會起疑。

他說兩人的外遇從我倆結婚第十二年開始。他們經常趁著外出工作的空檔，或是在車裡獨處的時候幽會。聽到這番告白，我眞心震驚不已。

在我的再三追問下，生生說：「其實我也沒那麼喜歡她。」問他：「那爲何還要繼續這樣的關係？」他說：「她就在我身邊，也是她主動邀我『要不要去放鬆一下？』所以我跟她才一直這樣下去。」直到先生罹病兩人才結束這段關係，他自己也說：「不知爲何就是斷不了……」

本應帶我出席的公司招待活動，他也是帶那個女的去。可笑的我還傻傻地以爲先生只是喜歡外出旅遊，這對我來說是最大的打擊。

我與他結縭五十四年，在他生病後也是不離不棄盡心照顧。那個女人是有夫之婦，還有四個小孩，真沒想到他們竟外遇長達二十年，她就不會對自己先生和我感到過意不去嗎？真沒想到世上竟有如此厚臉皮的人！

丈夫的嗜好是釣魚，也愛買遙控車或來福槍，是那種隨心所欲花錢的人。可是，因爲經濟因素，我們卻無法供女兒讀大學。如今心中這股怨氣找不到可以發洩的出口，心情久久難以平復，我該如何是好呢？

A

回答

為了少根筋的人生氣，只是白費力氣

照理來說，這麼長時間的外遇，您卻沒有察覺任何異狀，這也很奇怪。您的先生常去釣魚，也愛買來福槍，應該有打獵的習慣吧。也就是說，他是那種喜歡殺生的人。

有些宗教嚴禁殺生，甚至只能吃素，禁食肉類。嗜好是釣魚或打獵，聽起來時髦，其實就是喜好「殺生」。從這一點，可以想像他是怎樣個性的人。

您先生唯一的可取之處，就是過度誠實吧。這樣的人反而能相信他說的話。「其實我也沒那麼喜歡她。」這句話應該是眞的。會一直維持這段外遇關係，也是出於女方的主動邀約。「主動送上門的肉不吃，是男人之恥。」從前不也有這種說法嗎？

之前我在其他諮詢也說過，偷吃只是一時的生理現象，僅此而已。就像登山家被問到：「你為何喜歡爬山？」他也只會答：「因為山就在那裡。」您先生對那個女人應該沒有絲毫愛情。與她的外遇就跟釣魚或狩獵一樣，無關精神層面的愛情，只把對方當作狩獵遊戲裡的獵物，別無他想。正因如此，身為枕邊人的您才沒察覺到絲毫異狀。

您先生的情況與常人的戀愛或外遇不同。為了兩人的關係煩惱、為愛患得患失，急著想見到她，為了與她相守不惜拋棄家庭……從他身上完全看不到這類糾結或煩惱。

正因如此，您完全不須認真看待這段關係，甚至為此感到痛苦，只須將對方的偷吃視作釣魚消遣即可。

先生對您坦白「其實我也沒那麼喜歡她」之際，心中一定也在嘀咕：「我幹嘛跟那女人混這麼久？」所以，這件事不值得您如此認眞看待。先生能對您毫無保留說出內心最眞實的想法，代表他將您視爲最值得信賴的人。這份信任，正源自於「愛」。

07

妻子說她想遷居到大城市

男性 74歲

我家住北海道，是土生土長的本地人。妻子（七十四歲）是外地人，最近她突然提出想移居到關西的大城市。兩個月過去了，我們還沒達成共識，讓我很傷腦筋。妻子說：「四年前我就有這個打算了。如今年紀大了，實在受不了北海道的刺骨寒冬。接下來的人生我想待在溫暖的地方，盡情享受演奏會、電影、戲劇表演。今年我就想搬走。」還給我看了她仔細調查後寫的計畫書，聲稱只要賣掉現在住的房子，在大城市買間公寓大廈，之後的生活也還綽綽有餘。

每次看到報紙或雜誌上的藝文活動，她都會說：「我想看這部電影！」、「眞想去聽那場演奏會！」但我們這裡幾乎沒有這種在媒體宣傳的大型表演，本以爲她也清楚這一點，只是愛在嘴上抱怨，沒想到她是認眞的，甚至還寫了移居計畫書。早一點告訴我的話，彼此還可以溝通，突然說今年就想搬，我實在無法放心信任她。

我們住的地方有兩家電影院，市民活動中心每年也會有一、兩次交響樂團或劇團表演，還有小規模的音樂廳，可是她說：「這樣不夠。」

而且，北海道的極寒之地明明住了不少年紀比我們大的人，婚後她一直住在這片土地上，又怎會受不了這裡的寒冷？這一點我眞的不能理解！如果夫妻分居，偶爾住在這裡，膩了就去住另一邊似乎也不錯，但考量到經濟層面，這是不可能的。請您教我讓妻子放棄遷居念頭的方法！

A 回答

何不跟著一起享受戲劇或音樂呢？

我想，您的太太一直以來應該都在忍耐。如今再沒有多少年可活了，她才如此急不可耐，想要盡快遷居。

可惜日本的男性朋友大多對藝文活動不感興趣。這應該是戰爭時期的影響，「藝文活動使人軟弱」、「戲劇或音樂會是女孩子在看的，不是男孩子該去的地方」之類的想法還留在老一輩身上。不過，現在的男生也會去搖滾音樂節或偶像公演喔！

海外的許多國家，前往歌劇院或美術館看表演或展覽的人數男女各半，日本卻大多是女性。國內許多男性至今仍將藝文活動視爲「不能當飯吃的消遣」。這位先生就是典型的這種人。雖說您住的地方也有電影院，可近年來抒情類的電影越發減少。大眾愛看的美國電影，不是飛車追逐、火爆互嗆、爆炸場面，就是靠CG合成影像虛張聲勢。看不到令人耳目一新的俊男美女，電影的配樂也不怎樣。

在大城市裡，有上網就能找到的便宜文化教室，或是館藏豐富的大型圖書館。所以，您的太太與其說是想住在都市，其實她眞正想要的是能滋潤心靈的文化活動。這是你們雙方最大的分歧。

您說年紀更大的人都可以忍受極寒之地更冷的氣候，但我要提醒您：在北海道土生土長的人，與半路才來這裡生活的人，雙方的耐寒力還是有差喔。再這樣下去，您太太死後會化爲厲鬼向您報仇喔！比起「讓妻子放棄的方法」，您作爲丈夫也應同理她的需求。太太爲了配合您，一直以來都在忍耐，可您對她的付出卻毫不在意。我想，這也是讓她無法再忍受的原因之一吧。

說到日本的男性和女性，後者的文化素養顯然高出許多。男性還停留在戰爭時期的程度。從前在大正、昭和初期，男性也會到劇場看表演。只不過，戰時被政府植入的「藝文活動使人軟弱」思想一直流傳至今，就連現今廣受大眾支持的政治家，仍是那些腦袋只有肌肉的男人。

這位男士再不改變，就會成爲一輩子都不懂得體貼、也不會察言觀色的討厭老公。您的太太爲了擬定遷居計畫，事前做了詳細的調查，還蒐集了許多有用的資訊。既然如此，您何不順著她心意呢？夫妻倆一起出門看戲劇或音樂會表演，您自己也能有更多愉快的全新體驗。否則當初您就該和對文化活動一竅不通、甘於無趣生活的女性結婚，而非現在的妻子，不是嗎？

Q

08

跟精神虐待我的丈夫一起生活，好痛苦

女性上班族 48歲

我是上班族，今年四十八歲，家裡有讀高中的獨子，丈夫動不動就精神虐待我。我跟他自六年前就沒有性生活，打從他不願碰我，我對他僅剩的一點愛情也消耗殆盡了。

兩年前，因為他動粗，一度驚動了警方，分居一段時間後我提出離婚，但他不肯答應。丈夫也因此察覺自己有人格障礙症，開始接受心理諮商。

我並未放棄與他離婚的念頭，卻也沒有足夠的能量和勇氣去改變現狀，不得已只能繼續與他的婚姻關係。

丈夫雖然接受了心理諮商，卻仍對我施加言語暴力，總是監視我的一舉一

動，試圖把我綁在他身邊。我對他早已沒了愛情，後來也有了喜歡的人，但礙於已婚的身分，只能將這份感情藏在心裡。

與其這樣活著，還不如早點從這世界解脫，回到上帝或佛祖身邊，沉浸在神佛的無邊大愛，聆聽祂們的暖語寬慰：「你已經很努力了。」我甚至盼望自己可以快點死掉，只能藉著嗜好排遣內心寂寞，天天數著手指頭，等待那一天的到來。

這樣的我，是不是再也遇不到眞心愛我的男人呢？跟喜歡精神虐待自己的丈夫一起生活，每天都讓我生不如死啊！

A

回答

想辦法讓對方討厭你

這不是個簡單的問題，就算逃走，對方也有可能找到您的新住址，否則我真的很想叫您：「快逃啊！」好在警方先前曾經介入你們的糾紛，手上還有警方這張牌，真是萬幸啊。

接下來就是蒐證。建議把對方精神虐待你的對話內容或相關證據，用錄音或錄影留下來。對方不肯離婚，看樣子是不想失去免費服侍自己的幫傭。如果他對妻子還有基本的溫柔與愛情，就算沒有性生活，還是可以滿足你的情感需求。但你的狀況顯然不是如此。還有，您先生自覺有人格障礙症，正在接受心理諮商，這一點也能當作證據。

你跟先生之間還有兒子，萬一他也對兒子施以精神虐待，您一定會更痛苦。

至於「有喜歡的人」這件事，老實說，您想恢復單身，就是想和那個人在一起吧。所以才總是拿意中人與丈夫比較，然後越發討厭後者，心想「那個人就不會做這種討人厭的事」、「如果是他，一定會做得更好」。先生的一舉一動在您看來，全都成了礙眼的髒東西。

這位女士想必也認爲「這是最後機會了，錯過就沒有下次」。您今年四十八歲，雖不知道您意中人的年紀，但您一定覺得「被無愛的婚姻耽誤，人生就此枯萎凋零的話，眞的死也無法瞑目」吧。

丈夫會對你施暴，有可能是他察覺到「妻子心裡有了別的男人」。當初你會決定與他結婚，代表他本不是那麼壞的人，也不會動手打人。正常的男人不會對女人動粗，就算對方同是男人，也不會輕易動手打人吧。那些成天把「我做得就是比說得快」掛在嘴邊的人，簡直是在向眾人炫耀說：「我是個不動腦的大笨蛋！」

如果可以帶著兒子一起逃走當然很好，但孩子的學校可能會洩漏你們母子的行蹤。萬一演變成上社會版的事件就糟了，這應該也是你最怕的發展吧。

最好的方法就是，想辦法讓對方討厭您，例如：在他面前大剌剌地放屁或小便、不刷牙也不化妝、起床後不梳頭、只穿死氣沉沉的黑色衣服，把飯做得很難吃……，丈夫討厭什麼您就做什麼，盡量踩他的底線。

這麼做雖不容易，爲了跟對方和平分手，您就暫且忍耐一下，假扮成難相處的討厭鬼。「什麼嘛！這女的根本就是個垃圾！」等到先生開始對您心生厭惡，您就離成功不遠了！

Q ?

09

我也想成爲丈夫心目中的理想妻子，可是……

主婦 30歲

我是結婚三年的主婦，今年三十歲。丈夫年紀大我超過一輪，而且非常大男人主義。

他會與我分享自己喜歡的音樂、電影或書籍，多虧他的介紹，我得以藉由黑澤明或小津安二郎的電影，接觸美好的舊日本文化，對此我很感謝他。

可是，只要我對他喜歡的音樂或電影表現出絲毫的不以爲然，就算只是委婉回應：「這可能不是我的菜。」他都會破口大罵：「無法理解這個有多好，你眞是個無趣的女人！」一臉覺得我無藥可救的模樣。只要我不認同他的品味，就會表現得異常激動。此時，我心裡都很難過。

他對穿著打扮也相當講究，總想讓我穿他喜歡的款式，卻從未認同過我愛的穿衣風格。舉凡音樂、電影、書籍、穿著打扮……，他都希望我「照他的喜好來」。

我很尊敬他，也支持他的想法，想讓他開心。然而，凡事照著他的喜好，有時我也會感到不安。倘若可以成爲他心目中的「理想妻子」，應該會很幸福吧。可這麼一來，不就代表我不能擁有自己的個人想法嗎？

我認爲，迎合丈夫的喜好是愛他的表現，同樣的，我希望對方也能尊重我的個人想法。我最尊敬的美輪老師，希望您可以給我一些建議。

A

回答

最好的方法是，變得比他還厲害！

跟比自己大一輪以上的人在一起，一開始應該就知道雙方的興趣與愛好不同吧！您先生成長的那個年代，既沒有智慧型手機，也不確定是否已經有翻蓋手機，兩人成長的世界及社會背景迥然不同。電影和音樂都是反應當代的產物，您從小聽著長大的音樂，跟先生喜歡的一定不同。

話說，您喜歡先生的哪一點呢？是包含長相在內的外在嗎？即使是美味的豪華大餐，每晚都吃相同菜色也會受不了吧！對方的外貌再好、床事再合拍，時間久了也會膩，這兩個優點還會隨著年齡的增長而衰退。維繫夫妻感情的關鍵在於：雙方的興趣或思想是否相近，或者是否願意理解並尊重對方。這方面契合的話，無論經過多少年，兩人的感情都能長久。彼此志同道合的話，一起生活也比較快樂舒心。

您說害怕迎合先生的喜好會喪失自我，但我覺得徹底迎合對方也不失為一個好方法。您的先生會像光源氏培養心目中的理想女性，把自身的愛好強加在您身上，有一部分應該是在測試您對他的愛有多深。發自內心深愛一個人的話，對方的任何要求都會照單全收，根本不會去在意什麼自我。如果可以做到這個地步，心裡反而會輕鬆許多呢！

其實，更好的做法是：徹底鑽研先生的興趣，成為那個領域的權威！超越您的先生，變得比他還懂。如此一來，對方也會忍不住驚嘆：「我家的太座還真是厲害！」

之後再裝作不經意地向他推薦您喜歡的東西：「你看，這個是不是也不錯？」先生也會覺得：「老婆在這方面比我還懂，品味也好，聽她的準沒錯！」

更容易說服對方接受您喜歡的時尚風格或興趣。說不定還能說動先生嘗試您愛的穿衣風格呢！

總之，您現在的首要之務，就是鑽研先生的興趣，無論電影、音樂或閱讀，都要努力提升您的程度。即使目前無法超越他，只要持續累積知識，夫妻之間自然不缺聊天的話題。「我這個人比較貪心，守備範圍比別人廣。」等到您能笑著對他說出這句話，先前的煩惱自然也就不存在囉。

Q 10

該跟愛挑我毛病的妻子分開嗎？

上班族 30多歲

我是從事業務工作的上班族，已婚，有小孩。這次要諮詢的煩惱，與一年到頭總愛挑我毛病的妻子有關。我們結婚超過十年，在家當全職主婦的妻子，一有機會就雞蛋裡挑骨頭抱怨我。

我洗碗，她會說：「你沒洗乾淨。」買賞味期限快到的即期特價品，她也嫌棄：「這個不好吃。」就連爲了換氣打開房間的窗戶，她還要抱怨：「這樣灰塵會進來。」

倘若只是這種程度，我還可以一笑置之不跟她計較。

不過，每次只要我交新朋友，她就會找碴：「這個人我怎麼不認識！」、「我都沒朋友。」這讓我真的很受不了。前幾天理完頭髮回家，也被她酸：「真好，我忙得連剪頭髮的時間都沒有。」

而且只要加班費減少，她就會故意在我面前嘆氣：「看樣子得去打工才行。」其實她也只是動動嘴皮子，從未付諸行動過。我們家的生活雖然稱不上寬裕，卻絕不需要讓妻子外出工作養家。嫌我錢賺得不夠，她也從沒想過在家庭收支下一點工夫，就只會出一張嘴抱怨，我真的非常受不了。

妻子在我父母和一起做志工的朋友面前總是表現得很好相處，只會在家裡擺臭臉給我看。我應該跟她分開嗎？還是要爲了孩子逆來順受、咬牙忍耐呢？請老師告訴我該怎麼辦。

A

回答

等孩子懂事一點再分開吧！

從來信看得出來，這位先生對您太太已經沒有愛情了。就長遠的角度來看，您應該無法忍受一直跟她在一起吧。對您而言，與這樣的太太一起生活，就像抱著塊大冰塊那般痛苦吧？

只是，你們之間還有孩子，輕易離婚的話未免有些自私。您說結婚超過十年，所以是在雙方二十幾歲時結的婚吧？對方是全職主婦，夫妻如果分開，孩子又該由誰來撫養呢？即使妻子有錯，選這樣的人作爲妻子的您也有責任。雙方都必須對離婚負責，可孩子是無辜的啊！

比起在雙親成天吵架的家庭裡長大，單親卻平穩的生活對孩子應該更好，但後者絕對少不了堅實的經濟基礎。由於您的太太是全職主婦，就算孩子交給您來撫養，在您工作的期間，孩子又該由誰照顧呢？希望您優先考量以下幾點：對孩子而言，什麼才是最好的？自己又能爲孩子做些什麼？

您說，舉凡洗碗、購物、交友，就連理個髮也會被妻子唸。您應該很難受吧。太太若是能在先生剪完頭髮時稱讚：「哇，變帥了耶！」交新朋友時說：「哇，我也想認識對方！要好好跟人家相處喔！眞是太好了！」凡事多給另一半肯定該有多好。就算心裡不這麼想，嘴巴上說說也好。

聽說您的太太還有在當志工，眞不知她是待外人很好，還是習慣在人前戴假面具。說到底，她對您應該也沒什麼愛情了吧。

至於她說賞味期限快到的即期特價品不好吃，我覺得這句話應該無關價格或賞味期限。不好吃的東西，就算價格再貴也是不好吃，便宜的調理包食品裡也有超好吃的，不是嗎？像我本人就是超商的粉絲，平時經常買超商食品來吃呢！

這位先生無論如何都想離婚的話，建議等孩子長大懂事一點再離。小學高年級的話，孩子應該可以理解許多事情了。在那之前，就算後悔自己當初選了這樣的女人當老婆，爲了心愛的孩子，請您還是咬牙忍耐一下。

之後，即使眞的離婚，也請將「我能爲這個孩子做些什麼？」經常放在心上喔！

Q 11

應該給先生經濟上的援助嗎？

女性 50多歲

我現在五十多歲，十年前與大我十一歲的先生開始同居生活（事實婚）。不同於離婚的前夫，現任丈夫待我及我家人（雙親和孩子）都很好。

先生從一流大企業退休以後，目前沒什麼存款，收入來源只有年金和打工收入。

我是在家工作的自營業者。由於擔心老後的經濟問題，一直以來我都有在存錢，從父母那裡也分到了財產。

我希望能和先生長長久久地在一起，但我非常擔心金錢方面的問題。

今後若要實現自己理想中「經濟寬裕的生活」，勢必得在經濟方面幫助丈夫

（之前我也曾提供他已成年的子女經濟上的援助）。

我自己是單親家庭，已經供兩個女兒讀完大學。先生先前在大企業上班的全部收入，應該都花在孩子和已過世的太太身上。一想到這點，我對於今後提供丈夫經濟援助這件事，難免有些不太情願。

會有這種想法，我是不是心胸太狹隘呢？

今後要繼續跟丈夫一起生活的話，金錢這方面我該如何處理才好呢？

回答

改變想法，先對他心懷感謝！

年金、收入來源、存款、財產、「經濟寬裕的生活」……。讀完您的諮詢，我最在意的地方是「從頭到尾都在談錢的事」。

我認爲您眞的應該感謝您先生，因爲他善待您的雙親和女兒，光是能做到這一點，就非常了不起。希望您回想一下，當初自己是被對方哪一點吸引，才決定與他結婚呢？

因爲對方在一流大企業工作才喜歡他嗎？那後來他退休，也沒什麼儲蓄，就不喜歡了嗎？對方自己有小孩，把錢花在孩子身上是正常的吧。您不也供自己女兒讀了大學嗎？先生若是將錢花在外面女人身上才沒錢，自然另當別論，但他不是啊！

所以，您要不要試著改變一下想法呢？首先，對方願意和您在一起。其次，他對您的家人也是愛屋及烏，善待他們。兩人結婚一起共度人生，賺錢那一方拿出收入養家，本就是理所當然的，實在無須為此感到不平。

上班族到達一定年齡就會退休，這件事您在婚前應該很清楚吧？還有，對方曾結過婚，也有小孩，這些也是。與先生和家人共享財產，一家人好好過日子。「結婚」不就是在這個覺悟下做的決定嗎？

我認為「經濟援助」這個詞不該用在您先生身上，因為他也是您的家人啊！難道只有自己的小孩才算家人嗎？不是這樣吧。倘若不改變這樣的想法，您這輩子恐怕只能一直抱怨，覺得不公平。

請回想一下先生對您的好，對此心懷感謝。一個不懂得感恩的人，一輩子都會不幸喔！只有您才能拯救自己，改變命運。

您在意他把錢花在前任太太和孩子身上，對此心存芥蒂，倘若對方也這樣看待您花在女兒身上的學費，您可以接受嗎？

您先生給的，是金錢買不到的寶貴東西。試想一下：不跟他結婚的人生會過得比較好嗎？您每晚睡覺時，眼裡看的手中抱的，難道是銀行的存摺嗎？自己人生若是少了這個人，又會是怎樣的風景呢？

Q 12 丈夫只對自家以外的旁人盡心

女性 50多歲

我是五十歲後段班，今年邁入結婚第三十二年。丈夫晚我半年出生，我倆是同歲。

年輕時，因為丈夫待我很好，於是我嫁給他，婚後育有一子。直到三年前，我們夫妻倆都有在工作賺錢。

當初與他結婚不久，娘家的媽媽對我說：「〇〇（我先生）他是那種在外對別人非常體貼盡心，對自家人卻一點都不付出（也不懂得如何付出）的人。」

我媽好像是請人幫我們算了命。記得當時我對她說：「別擔心，我會改變他。」如今三十多個年頭過去，真的被我媽說中了，我根本無力改變他。

之前先生的親戚不小心在他老家扭傷，他非常盡心地爲對方處理傷處。即使自己身體的狀況不是太好，親戚一大早回家時，還特意早起相送。

可是，對於擔心父親身體狀況，特意開車前來探望的自家兒子，隔天清晨孩子回去時，當爸爸的卻沒起床送他。

數年前，先生曾跟比他年長的女性搞婚外情。

即使不是故意的，從結果來說，他只對自家以外的其他人盡心盡力。

對於這樣的先生，我實在沒信心繼續與他過下去，希望美輪老師可以給我建議。

回答

先生在外會做人，對家人也有好處

世人都覺得「對外人好，對自家人不好」是本末倒置，我倒覺得這是出於「自家如果有個萬一，可以得到旁人幫助」的考量，是一種處世的智慧。建議您換個角度思考：先生平日待旁人那麼好，就是爲了自己或家人遇到急難時，眾人願意伸出援手拉你們一把。他是在廣結善緣，爲這個家安排危難時刻可以依靠的「倚仗」啊！

像這樣的男人，一旦自己太太生了重病或是發生意外，他必定也會盡心照顧。所以，您實在無須爲此煩惱。

這位女士可能一直記掛著娘家媽媽說的那件事，才會對先生抱持先入爲主的偏見。一旦有個什麼，就容易朝這個方向想。

算命這回事，有準也有不準。如果他眼看著親戚扭傷卻不照應，未免太冷血了吧？至於兒子清晨回去他卻不理睬，您又何必強求身體不舒服的人一定要起床相送呢？

請您拋開多餘的偏見，先從算命預言的束縛解放吧！想像自己從未自娘家媽媽那邊聽過任何預言，調整心態，重新出發。

如果您的先生只對自家人好，對外人卻很差，既不懂得做人，又不擅長與左鄰右舍打交道，家人才更傷腦筋呢。

我想，您對他會有這樣的成見，主因應該是「數年前，先生會跟比他年長的女性搞婚外情」。當時的怨氣一直深植在您心中吧？

您曾經對自己母親說過：「我會改變他。」我也覺得你們夫妻應該開誠布公好好地談一談。

至於「先生只對外人好」的煩惱，身爲最親近的家人卻得不到對方的好臉色，您會不滿也是正常的。不過，萬一眞有大事發生，旁人也會因爲「平時受到您先生不少關照」對你們伸出援手，先生的善意與付出終將惠及妻兒，回到自家人身上。

結婚超過三十多年，仍想要得到先生無微不至的關懷和照顧、被他公主抱、獨佔他的所有注意力，這樣的想法很可愛，但我還是要建議您將眼光放更長遠一點喔！

13

外遇的丈夫提出要離婚

女性 30多歲

我今年三十多歲，跟大我五歲的對象相親，去年秋天結婚。不過，訂婚期間我先生就跟前女友藕斷絲連，牽扯不清。

我察覺他外遇後，在對方的懇求下，我倆逐漸修復感情，但這段期間他又去了風月場所，一時激動之下，我當面斥責他的不忠。

在我倆分居第三個月，丈夫提出要與我離婚。他雇用律師向我提出協議離婚。從現狀看，他想離婚的決心非常堅定。

我認為夫妻本該齊心克服障礙，也覺得斥責先生的自己的確有錯，想與他重新來過，一想到繼續分居下去，雙方會漸行漸遠，心裡很不安。

我跟他沒有小孩，有人勸我：「想離婚肯定要趁早。」、「現在離婚的人多得是。」不過，也有人說：「你應該保住妻子的位置。」

對於先生，我沒有喜歡也不討厭。對方想要的是不吵架的夫妻關係。夫妻雙方都有自己的事業，彼此相得甚歡的開朗家庭，曾是我倆的共同目標。但他的背叛和不忠讓我非常生氣，才忍不住對他發洩不滿。失控發火的我固然有錯，可這世上真有絕對不吵架的家庭嗎？

百般糾結無法下定決心離婚的我，究竟該如何是好？我想要向前看、好好過日子！拜託美輪老師幫我解惑！

A

回答

斬斷惡緣，重新出發吧！

來諮詢的這位太太，您先生應該是那種性愛成癮的人吧？這種男人喜歡拈花惹草，到處偷吃。您說「從現狀看，他想離婚的決心非常堅定」，這一點應該沒錯。您又說擔心「繼續分居下去，雙方會漸行漸遠」，其實您跟他早就離心了！

我認爲您完全無須執著於「妻子的位置」，更何況對婚姻不忠、出軌有錯的人是先生。您之所以和他結婚，有部分原因是當初相親遇到他時，您自己也急著想早點結婚吧？恰好對方也有此意，您覺得機不可失，才與他步上紅毯。回顧過往，倘若您仍覺得「結婚的心願好不容易實現，怎能輕易分開！」那我要告訴您，人生可不是這麼簡單的喔！

您問：「這世上眞有絕對不吵架的家庭嗎？」這世間有各式各樣的夫妻關係，我想也許眞的有。您又說：「我想要向前看，好好過日子！」可是，讀了您的來信，我感覺您的目光一直停留在過去耶。何謂「向前看」呢？應該是「面對現實，下定決心離婚，與現在的丈夫分道揚鑣，展望未來，重新出發」才對吧。

您的先生對您這個妻子已經沒有愛了。爲何您還是不離開他呢？從我的經驗來看，旁人眼中「不知爲何就是一直拖著不分手的情侶」，原因大多在雙方的床事。說不定您們夫妻也一樣。

可是，別忘了您先生還有其他性伴侶。而且，怎麼看應該都不止一個。倘若因爲忘不了和對方的床笫之歡，才無法下定決心，建議您還是盡早和對方分手吧！這麼一來，您才能眞正展望未來，好好地過日子。

反正您們同居的時間未滿一年，況且他對「夫妻雙方」應該遵守的責任與義務，更是一點基本概念都沒有。結論就是，對於這次諮詢，我的答案很簡單：趕緊和他做個了斷，重新出發吧！

3

Chapitre

手足、親戚、朋友……麻煩人際關係的整理術

きょうだい、親戚、友人、厄介な人づき合いの整理法

Q?

14

先生的老家超亂，每次返鄉都很憂鬱

女性 40歲

結婚十年，每年夏天我都會和先生、就讀小學及幼稚園的兩個小孩，一家四口從關西回到先生位於九州的老家，每次大概住兩個晚上。只是，先生的老家實在太亂了，每次返鄉都讓我很憂鬱。當初跟他結婚時，老家還會打掃整理，後來開始變得越發雜亂。

老家的二樓有兩個房間，一樓是廚房和餐廳的合併空間、佛堂以及起居室，是四房兩廳一廚的格局。想要進入房子，必須先通過公公撿來的各色雜物，那些東西不是吊著就是堆積如山，不彎下腰根本進不了屋。屋裡同樣是亂七八糟，我甚至連二樓都不曾上去過。我們一家返鄉時住的房間，更是連區隔空間的紙門都關不上。

婆婆自從做了癌症手術，身體一直很不好，行動也不便，只能動嘴叫公公別把家裡弄得太亂。其實我很想直接告訴先生：「我不想住在這裡。」但他曾向我道歉：「房子這麼亂，眞是委屈你了。」我怕會傷了他的心，一直不敢明講。

因此，我建議他：「我們一家去老家住的話，婆婆又要多費心，不如去住飯店吧？」但先生回我：「住飯店太浪費了，回去不住家裡，返鄉就沒有意義了。」

先生、大姑和我也想幫忙清理房子，可是公公說：「這些東西我全都有用處，你們不要亂動我的東西！」根本無法溝通。請問我該怎麼辦？

A

回答

每次只做一點也無妨，幫忙老人家整理吧！

您會不會有些冷淡呢？嫌先生的老家太亂，每次返鄉就幫忙整理一下吧。

我覺得您應該對公婆更體貼一點。老人家的腰腿本就沒什麼力氣，再加上年紀大，整理房子本就有心無力。而且，您婆婆不是還罹癌嗎？說不定身上還有其他不舒服的地方。此時您若是能主動幫忙整理，先生一定會覺得您「眞是個好老婆」。

就算公公說：「你們不要亂動我的東西」，您也可以適當安撫對方：「好，我不會亂動您的東西。」先整理其他地方。如此一來，您也會感覺良好，覺得「自己眞是成熟的大人」。

這位太太並沒有向先生坦白您的想法。建議先告訴對方您的想法，再說：「我會做好自己能做的事。」繼而動手幫忙整理房子。這麼做的話，您既能得到孩子的尊敬，婆婆也會感謝您。有這麼多好處，何樂而不為呢？

只會動口抱怨卻不動手幫忙，您就會成為一個「冷漠的人」，這種態度才有問題。當然，要整理那麼凌亂的房子，一定很辛苦，因為那已經成了垃圾屋。不過，就算受限於時間，無法一次整理到位，每次回老家都幫忙收拾一些，不也很好嗎？告訴先生：「明年返鄉回來，我再整理這個房間。」等下次回老家再做即可。

此外，希望您也能重新思考，「返鄉的意義」難道不是為了與平時疏於交流的親人好好溝通嗎？在從前，待在父母身邊好好照顧老人家是理所當然的。如今時代不同了，光是無須每天照顧父母，就應該心懷感恩才是。

每年只回老家一次，難道您還期望被當成客人款待嗎？返鄉本就是為了看望公婆，想比照全家出遊那般舒舒服服地住飯店，這樣的心態是錯誤的。先生看到您盡心照顧自己父母，心懷感激的同時，也會覺得您是不可多得的好女人，對您又愛又敬呢。

Q 15

朋友不斷情緒勒索，我受不了了

女性 30多歲

我三十幾歲，有一個自幼體弱多病的朋友，從小她爸媽和學校老師就一直拜託我「請幫忙多關照她」。十幾二十歲的時候，我認爲「她身體不好，是該多關心她」，即使後來就讀不同高中及大學，我們還是經常碰面。只是，她的心似乎也病了，越來越常對我抱怨別人或說他們的壞話，我開始覺得聽她說話很心累。

出社會後，朋友爲了追逐夢想從公司離職，目前因爲身體不好沒有工作。她之前讀大學時還有其他朋友，現在好像都沒有聯絡了。

朋友只要一有個不順心，就會將原因怪罪在健康或家人身上，抱怨個不停，最後還對我說：「我還眞是羨慕你這麼健康呢。」彷彿我身體好是我的錯。

先前她打電話給我：「每次跟你傾訴完煩惱，都會覺得心情輕鬆許多，人也比較有活力，希望你多陪我聊天。」我告訴她：「聽你抱怨其實很痛苦，很抱歉，我真的累了。」自那以後，她再也沒打給我。

不過，最近她再次聯絡我：「我身體不像你這麼好，心裡的苦也只能對你說，拜託你陪我聊聊吧。」

老實說，我真的受不了她了，實在無法再像先前那般關照她。雖然不想與她見面，可是在網路上看到有人跟我一樣拒絕朋友的情勒，結果對方的朋友就輕生了。美輪老師，請問我做錯了嗎？

A

回答

沒必要再跟對方聯絡

這位小姐，我覺得您不跟對方聯絡是正確的做法。您說本來已經斷聯的朋友又來求您：「拜託你陪我聊聊吧。」這樣的要求，建議您回覆：「其實我現在健康狀況不太好，不想見任何人。」編個理由拒絕對方就對了！之前您待她那麼親切，她卻當面酸您：「我還眞是羨慕你這麼健康呢。」將嫉妒發洩在你身上，這樣的人無須對她感到內疚。

您這位朋友應該還沒察覺：自己沒朋友的原因出在自身。不過，當面直接告訴她：「你就是個性太差，才會連一個朋友都沒有。」不知對方會怎麼報復您，萬一她抓狂持刀殺人，那就眞的無可挽回了。

我能給您的唯一建議就是：明確讓對方知道「我現在眞的沒那個餘力傾聽別人的煩惱」。像先前那樣，與對方再次斷聯，是當下最重要的事。

您說在網上搜尋類似煩惱，看到有人因此自殺，猶豫是否該這麼絕情。那些把說別人壞話當作興趣的人，心理根本很強大好嗎？我不認爲這樣的人會輕易自殺。會選擇輕生的人，大多只會將錯歸咎在自己身上，才不會隨便怪罪他人。您的朋友是完全相反的類型吧？

最好別再接她打來的電話。您就是人太好，才會煩惱：「萬一對方眞的自殺怎麼辦……」就我的經驗，實在無須擔心這種事。

那位朋友可能誤會了，以爲可以對您口無遮攔？這世上就是有很多人愛說別人的壞話，網路的匿名留言板簡直就是他們的樂園。那些在網上肆意說他人壞話的人，恐怕早已成癮，想戒也戒不掉。

您完全沒必要再和那位朋友聯絡，倘若再有機會與她說話，不妨直接建議對方：「你有不滿，不該找我，找廟裡的師父或神父可能更合適？」別再被對方影響，好好過自己的日子吧！

16

姊姊跟我絕交了

女性 60多歲

四年前，大我十一歲、罹患憂鬱症的兄長輕生自殺，他趁嫂嫂跟住在附近的友人外出吃午餐這段期間，結束自己的生命。

兄長生前，大我十五歲的姊姊曾再三打電話叮囑嫂嫂，千萬要看好哥哥，別讓他做出傻事。

辦哥哥一周年忌日（對年）法事的時候，姊姊惡狠狠地在寺廟山門前責備嫂嫂。我可以理解她的心情，但她對著嫂嫂發洩怨氣的凶相著實讓人看不下去。回家後，我立即寫信勸她：「失去哥哥，嫂嫂也很痛苦寂寞，如今再怎麼責怪她，也是於事無補。我們姊妹就保持風度，好好維持娘家的體面吧！」也許是不甘心被年紀比自己小的妹妹說教，姊姊在回信中怒道：「我要跟你絕交！這輩子再也不想見到你！」

之後，姊姊也沒出席哥哥的三周年忌日，她似乎都是自己一人去掃墓。本來一週會打好幾次的電話也不打了，即使我主動寄旅行時買的伴手禮給她，想藉此打探她的近況，她也從未回信。

當初我一心維護的嫂嫂，也沒向我道謝，話中還隱約責怪我是破壞手足感情的元凶。

姊姊已經年過八十，有時我覺得就此與她絕交也無所謂，有時又惋惜姊妹明明還在世卻老死不相往來，未免遺憾。心想，早知道那時就該假裝什麼都沒聽到，但我怎麼可能坐視不管……，思緒就這樣糾結不已，弄得自己心神不寧。美輪老師，請問我該怎麼辦？

A

回答

維持現狀也許是最好的做法

就像結婚、生子不一定保證幸福，同樣的，親人眾多雖有好處，可紛爭也不少，例如：存款、房地產等遺產的繼承問題、父母老後的照護分擔……都容易引發爭吵。

我認為，減少這類紛爭最簡單的方法就是：就算彼此有血緣關係，也要狠下心來減少往來。所以，就這位女士的狀況來說，維持現狀也許是對您最好的做法。

倘若因為「我們是血濃於水的手足」、「我們是家人」、「我們是好友」，便放任對方無視人際相處應有的分際，任憑這種毫無邊界感的關係持續下去，很容易引發類似的糾紛。我在這個專欄說過很多次，君子之交淡如水，人與人之間的往來也是「六分飽，剛剛好」。

不過，人際往來的禮節或規矩有助維持社會秩序，還是應當遵守，這樣也較不容易引起糾紛。

被一直以來關係良好的姊姊疏遠，您心裡的寂寞可想而知。不過，是您的姊姊先破壞了人際往來的規則，才造成如今的局面。可正因如此，您才得以卸下「沉重的負擔」。建議您不妨趁此機會，與對方保持距離。

就算今後雙方的關係改善，您和姊姊重新恢復往來，不知什麼時候又會被對方翻舊帳：「當時你竟那樣對我！」同樣事情很有可能再次上演。所以，最好別因為「我們是自家人」、「我們是無話不談的好友」就任由對方放肆、毫無邊界感。

您不妨換個角度思考，現在終於有機會卸下一直以來的沉重負擔，也就是名爲「姊姊」的超級大包袱。好不容易卸下包袱就此解放，難道不值得開心嗎？根本沒必要煩惱！

話說回來，倘若姊姊主動與您聯絡，態度也很有禮貌，您就無須拒絕，以免招來對方仇恨。之後只須裝作若無其事，與對方客客氣氣地往來，避免再引起紛爭即可。

Q 17 我不敢加入孩子學校的媽友會

女性 40多歲

我最喜歡的美輪老師，想請您給我建議。讀國中時，我在學校遭到霸凌，像是鞋子被人倒水弄濕，當時被欺負得很慘。

即使我後來長大成人，也有了兩個小孩，對當初霸凌自己的人依舊懷恨在心，經常心想「哪天遇到那些人，一定要當面臭罵他們一頓」。

不過，就在我家性格純真的老二上小學時，我猛然發覺「一直走不出過去的陰影，倘若這孩子也遭到霸凌，自己恐怕只能罵孩子不爭氣，或是怨恨欺負人的孩子和對方的父母……」。

當初遭到霸凌時，我並沒有告訴父母，只是關在家中一直讀三浦綾子、宮本輝、遠藤周作等作家的小說，熬過這段痛苦的時期。回想當時靠閱讀度過人生難關的往事，我發現「自己可以把那段經驗傳授給孩子」，與此同時，心中那股怨氣竟就此消失了。

這件事讓我信心大增，覺得「自己成長了很多」，可之前被霸凌的陰影，導致我現在朋友超少，也不敢加入學校的「媽友會」，擔心孩子或自己可能被人在私底下說壞話。

請問我該如何調整心態，才有利於孩子的教養呢？希望美輪老師給我建議。

A

回答

「若即若離」是最好的做法

關於「媽友會」的交際，最好的做法就是保持「若即若離」的態度。像那種招待彼此到家裡舉辦茶會或餐會之類的關係，最容易衍生各種麻煩糾紛。如果是這類活動，找理由避免參加不失爲好辦法。不過，所有交際都不參加的話，給人觀感也不好，還是要適當參與喔。

團體只要人數增加，背後的詆毀或霸凌也會變多，這種事並非「媽友會」才有喔。就算是男人，也常在同事間的喝酒聊天說主管或下屬的壞話。

這世上的正人君子眞的很少。請您回想一下學生時代的班上。姑且不論是否會讀書，爲人值得信任、品格端正的有多少人呢？這些人當中，成績優異的又有幾個？

孩童時期的學校班級，其實就是一整個社會的縮影。只要回想小時候班上的人際關係，就可以掌握大人世界的全貌。

也就是說，不要期待媽友會能像志同道合之人聚集的同好會那樣全員和睦。所以，我認爲您現在的想法是正確的。

您說心中對霸凌者的怨氣已經消失，我覺得您非常了不起。之前的您思考時不用理智，只任憑情感（也就是「怨氣」）擾亂內心，這就像用鈍刀子凌遲自己，只能自苦，難以自拔。如今那把鈍刀已經消失，您終於可以用理智冷靜看待同一問題。

遭到他人不合理的對待，倘若可以不被一時的衝動影響，理智冷靜地分析對方的能力、經驗、生活環境、容貌優劣，就會明白「啊！怪不得那個人會變成這種討人厭的性格，老愛欺負人，動不動就否定別人的意見」。然後，就會覺得對方「其實也是可憐人」。會做出那麼過分的事，都是因爲自卑在作祟，讓那個人陷入某種錯覺，以爲貶低他人就能夠提高自己。

您可以克服心中的怨氣，眞的很了不起！我想，這就是所謂的「開悟」吧。今後若有機會，希望您也能告訴孩子：「媽媽以前也遭遇過這種事，對方是這樣的人。」我認爲，這才是眞正有意義的教育。

Q

18

「恩師」的妹妹一直使喚我，好困擾……

女性 50多歲

我是五十多歲的女性。我鋼琴恩師的妹妹是一名小提琴家，她一直把我當經紀人使喚，眞的很困擾。

事情的起源是她要辦演奏會，我幫她向地方誌和左鄰右舍宣傳，誰知對方非但沒跟我道謝，還叫我掏錢買票。本來想說幫一次就算了，誰知她又寄來下一場演奏會的宣傳單，叫我幫她發給鄰居們。

爲了幫她賣票，我向親朋好友低頭拜託：「請您賞光。」但大多數人都以「抱歉，我對這個實在沒興趣。」爲由，回絕了我。爲了幫她，我必須向眾人低頭，可當事人卻無法理解我有多麼爲難。我想，這個人除了在演奏結束後，對觀眾的掌聲鞠躬行禮，應該不會低頭求過人吧。

之前她辦演奏會時，地方的報社記者曾經上門採訪，報導的大標題是「報答左鄰右舍的照顧」。誰知她不僅沒對前來觀賞演奏的眾人表達感謝，反而一副高高在上的樣子，就差沒說出：「是本小姐開恩，讓你們這些凡人有機會聽到美妙的藝術表演。」這樣的態度讓負責替她宣傳的我，覺得相當丟臉。

等到下一場演奏會，很多人都以「有事不克前往」的理由拒絕我。我想，之前願意買票的朋友，大多是爲了顧及我的面子，才掏錢買下根本不感興趣的演奏會門票，但這件事我又不好對恩師直說。美輪老師，請問我該怎麼辦？

A

回答

這種人別再理她！

像您這種狀況，我就直說了，完全沒必要幫忙。這位女士稱您的鋼琴老師爲「恩師」，但您向對方學琴時應該都有付學費吧？如果有付學費，那您從對方那裡受到的恩惠究竟又有多大呢？

眞要說的話，您還是鋼琴老師的客戶呢。倘若對方是免費教學，也許還稱得上「恩師」。如果您是長住對方家中學琴，包吃包住，還用自老師那邊學到的琴藝養家餬口，那對方的確是「恩師」沒錯。若非以上狀況，對方是否擔得起「恩師」這個稱呼，那就難說了……。

更何況這次的事，幫的還不是老師本人，是對方妹妹的演奏會吧？您有必要幫忙嗎？完全沒有！

不僅是古典樂界，那些自稱「藝術家」的人裡，有不少人自我膨脹，自詡「這世上沒有比我還優秀的藝術家」。這種人天生就不懂得感恩。因此，就算請人幫忙，也絕不會開口說「謝謝」。反而認為對方理當要幫自己賣票，因為他們覺得「我是看得起你，才給你機會幫我忙」。

您已是仁至義盡。接下來該做的，是跟這種人徹底斷絕往來。我再提醒一次，今後最好再別跟這種人有任何瓜葛。

此外，自己妹妹對學生做出這種事，倘若您的鋼琴老師一點都不以為意，那老師本人也有問題。若是自己的演奏會還情有可原，可那是妹妹的耶！您也算是老師的客戶，倘若對方坐視自己妹妹這樣使喚您……，那可就值得細思了。

無論如何，您欠的人情都還清了。今後對方若是再要求：「希望您幫忙賣票。」大可回覆她：「我之前已經幫您賣過了？可以請您找別人幫忙嗎？」順便補槍：「之前我拜託認識的朋友買票，頭一次大家礙於情面，都花了錢去聽您的演奏會。可是第二次眞的有難度，大家都拒絕了。」

對來諮詢的這位女士而言，先前看在您的面子願意掏錢買票的親朋好友，才是最該用心維繫關係的人。至於老師的妹妹這種人，與她交惡反而更輕鬆呢！

Q

19

我眞的不想再當「好人」了

女性 20多歲

美輪老師您好，我今年二十九歲，即將面臨三十大關，我想解決長久以來困擾自己的問題。

近來，我眞的非常厭倦再當世人所謂的「好人」。我家世代信仰某宗教，還沒懂事時就已經皈依。自小就被教導「應以行善造福世人爲己任」。

長大成人開始工作以後，做任何事也是本著「想成爲對世人有用的人」的想法，努力當個待人親切、從不抱怨的「好人」。實際上，我的家人很自豪將我「培養成好孩子」，朋友或公司同事也常誇我是「認眞的好人」。

可是，後來我罹患精神疾病，也察覺到：必須當個「品格高尙的認眞好人」

這樣的想法已經將自己逼入了絕境。我表面上待人體貼有禮，私底下其實超怕麻煩，無法表現「真正的自己」，讓我覺得越發心累。

最近，我開始對這種生活方式產生疑問。可是我的自我價值感很低，缺乏自信，擔心如果不當「好人」，也許沒人願意接納一無是處的自己，終日惴惴不安、煩惱不已。請老師告訴我，如何「不當好人，也能放鬆心情活下去」？

A

回答

請您調整肉體和精神的勞動量

感覺這位小姐似乎認爲「當好人」等於僞善。可是，每當腦中浮現不好的念頭，就會大聲喝止：「不可以！」逼自己盡快回歸正道，爲此心裡總在善與惡之間糾結煩惱。

先說結論吧，您完全沒有必要煩惱。您若眞的是壞人，根本不會爲了這種事而糾結。其實，您只要維持現況就好。況且，我也覺得您眞是個「好人」呢。要不要先從接受「自己就是個好人」開始呢？

這世上本就沒有完美無缺之人。就連釋迦摩尼佛、耶穌基督、日蓮聖人、法然聖人、親鸞聖人這些大聖人，直到人生最後一刻還在煩惱。佛教經典和《聖經》都是在教導人們如何面對煩惱。像我們這等凡人，本來就不可能成爲「完美的聖人」，那些自詡爲聖人的，不過是自我感覺良好的自大狂。身爲一介凡人，我們只須做好該做的事，好好過日子即可。

至於父母親的宗教對您的影響，其實不管父母是否有宗教信仰，會墮落的人就是會墮落，就算有信仰也可能做出反社會行爲。所以，您只要專注活出自己的人生就好。

您才二十多歲，還很年輕呢。即使經歷了多次失敗，依舊成爲了一個很棒的人！

旁人的評價終究只是「一部分的你」，像我也常被年輕人吹捧，大家都說我「非常了不起」或是「好溫柔喔」，只能說這是美麗的誤會。其實我這個人超怕麻煩，而且很懶。對舞臺表演或音樂的堅持，也只是出於「對喜歡的事物不願輕易妥協」的利己思考，其實我就是一個徹頭徹尾的利己主義者。

這位小姐說您的自我價值感很低，其實這也沒什麼不好。自我評價低的人，才會找機會多充實、提升自己。比起那些過於高看自己的自大狂，您這樣的人健全多了。

關於您的問題，我比較在意的是「您對自己似乎不夠坦率」。我想跟您說：「不要太鑽牛角尖。」

還有，感覺您有些過度精神內耗。建議可以慢跑、做做美容體操，或是打掃家裡也行，做些什麼都不拘，只要能增加身體的勞動量即可。姑且當作實驗試試看吧，刻意調整身體與精神的勞動量，維持兩方的均衡。您想知道的答案，也許就藏在這些日常小事的累積裡。

Q 20

妹妹突然寄了「絕交信」給我

女性 70多歲

我想要跟老師諮詢的煩惱，與我妹妹有關。

我跟妹妹都已七十多歲，我跟她只差三歲。我們家的手足原本是四人，排行老三的弟弟和最小的妹妹都已離世，如今只剩我跟妹妹。

我丈夫在二十年前過世，妹妹的先生則是四年前走了，一直以來，我們兩家的感情特別好，相處得很融洽。當初先生都還健在時，我們四人會一起打麻將，先生們也會相約一起去釣魚。

各自丈夫離世以後，我們姊妹倆仍會互贈生日禮物或歲末節禮，處得依然不錯。

誰知，近日我突然收到妹妹的簡訊，單方面「被絕交」。她說：「一直以來我都在忍耐，接下來我想休息一下，先別聯絡我，簡訊、明信片、手寫信都不要。請多保重……」收到這封簡訊時，我簡直晴天霹靂。

如果妹妹不回心轉意，我們姊妹應該無法恢復先前的關係吧。只是，由於事發突然，我從未想過這種事會發生，完全不知該如何讓心情平復下來。請美輪老師教教我如何面對這樣的狀況。

A

回答

先誠心誠意地向妹妹道歉

這還眞是傷腦筋呢……。這位女士可能一點都沒有察覺到，您的妹妹其實一直都在容忍您的態度或是說話方式。

即使如此，她最後還是提醒您「請多保重」，眞是個了不起的人。

您說：「我們姊妹應該無法恢復先前的關係吧。」「請美輪老師教教我如何面對這樣的狀況。」所以，您已經放棄跟對方重修舊好了嗎？

無論如何，我認爲您應該先向妹妹道歉才是。手寫信或簡訊皆可，告訴對方：「一直以來讓你覺得不舒服，我實在太笨了，怎麼會遲鈍到完全沒發現。眞的很抱歉。」

然後，虛心請教對方自己哪裡做錯了，找出造成誤會的癥結點。除此之外，別無他法。

如果真想改善雙方的關係，找出造成感情破裂的原因以後，接下來就是反省自己，改善態度，努力讓妹妹重新接納您。

姊妹倆如今都已七十多歲，其他手足也先走了，倘若真的就此絕交，您也只能告訴自己「今後絕對不能重蹈覆轍」，面對現實、過好每一天。

人畢竟無法只靠自己活下去，所幸這世上還是有各種聚會或社團。

正如「遠親不如近鄰」這句話，有些人雖然不是家人，待您卻比家人還好，這世上真的有這樣的人。當然，也有完全相反的案例就是了。

所以，今後您如果交到可以信賴、值得真心相待的朋友，一定要多留意並遵守人際往來應有的分寸或禮貌喔。

光從這封信的內容，我無法得知妹妹提出絕交的原委。不過，感覺這位女士在各方面都很依賴妹妹，而且認爲對方理所當然要對自己好。

這樣的問題在親子或手足等關係中很常見，因爲血緣關係容易使人變得遲鈍，忽略應該遵守的邊界，對於總是被依賴或付出較多的那一方而言，這樣的關係其實是相當沉重的負擔。

無論您今後是要與妹妹修復關係，或是就此放棄，首先要做的都是眞心誠意地向對方道歉。您們倆雖是「姊妹」，卻也是具備獨立思想及各自人生的個體，千萬不要忘記這一點！

4 Chapitre

深愛孩子的父母、痛恨雙親的孩子

子どもを愛する親、親を憎む子ども

Q

21

孩子長大獨立，我感覺自己氣力用盡

家管 60歲

我是六十歲的全職主婦。我們夫妻有四個小孩，孩子長大後各自獨立，全都住得離我們很遠，每年只返鄉一、兩次。因此，我雖然有孫輩，平時卻沒什麼機會見他們。

丈夫今年六十四歲，現在是企業的特約職員。週休二日的他，休假時間全都花在個人興趣的橄欖球上。

打從結婚以來，這幾十年我的生活都是以孩子爲中心。四個孩子全都獨立離家之後，我感覺自己彷彿被抽乾一般，全身氣力用盡，人生就此陷入沒熱情、對事物不感興趣、再也無法感動的麻木狀態。

最傷腦筋的是，我連飯都不想做。就算挨了先生的罵，我也拿自己沒轍。「不管怎樣，至少要打起精神做飯啊！」明知如此，但就是做不到啊。

我知道不能放任自己這樣下去，於是特意參加各種參觀體驗活動，試圖找到能讓自己感興趣的嗜好。我也曾參觀過丈夫喜歡的橄欖球，心想或許會有興趣，可如今的我做什麼都提不起勁。就連探望孫子，一想到交通費等開銷，而且自己又不習慣孩子們居住的大城市，光是想到這些就覺得心累，馬上打起退堂鼓。

美輪老師，請問我該怎麼做，才能脫離目前的狀態呢？

回答

您能做的事情還有很多

您的狀況有可能是最近常見的心理疾病，建議找醫生診斷一下。「覺得人生看不到希望……。」、「找不到活下去的意義……。」這樣的人最近越來越多了。這些人明明害怕寂寞，一旦與人相處又覺得累，連人際往來或每日基本生活都嫌煩、提不起勁去做。如果不是生病，建議尋找跟自己有同樣情況、能夠分享心情的夥伴。有疑問時，也能向他們請教。

人的正常生活必須仰賴精神與身體兩著的平衡。身體所需的營養可以藉由吃來攝取，精神方面的營養則必須從文化中汲取。爲此，您才多方嘗試，想找出適合自己的嗜好吧。我比較在意的是，這些興趣您才接觸一下就馬上放棄，覺得沒意思、不有趣。但是，任何才藝在初學階段，本就無法做得像老師那麼好。

更何況，才藝的種類何其多，像是美術、文學、音樂、茶藝、花藝或手工藝。您也可以嘗試圍棋、將棋、跳舞、民謠或其他類型的舞蹈，不然唱卡拉ＯＫ、演歌、養寵物也好啊。現今的世上有這麼多選項，只嘗試兩、三種就斷言「人生好無聊」，未免言之過早。

感覺您的先生只對橄欖球有興趣，對自己太太卻漠不關心。您也希望先生可以多關心自己吧？孩子如今不再需要自己，您一定覺得很寂寞吧？孩子一旦離家獨立，本來就會將更多注意力放在自己的小家庭或戀愛對象身上，而不是父母。早一點的話，說不定國中就已經開始。這其實很正常喔。

建議您先結交可以聊天的朋友，倘若您覺得這麼做很麻煩，又害怕遭到對方的拒絕，這樣的心情我也可以理解。那麼，先別奢望這些，就當單純打發時間如何？也不要光看不做，想到什麼就實際去嘗試看看。您的才華說不定會在某個領域大放異彩呢！

您說就連去看孫子都覺得累，您今年才六十歲耶，明明還很年輕！先生每天下班回家看到一臉生無可戀的太太，假日才會出門和朋友打橄欖球放鬆一下吧。

您住的地方不是大城市，可以打扮得漂漂亮亮外出的場所不多，想要排遣無聊也不是那麼簡單。不過，人一旦太閒，往往沒什麼好事。嘴裡抱怨著：「好累，好累喔。」成天躺在家裡睡覺難道就不累？

無論如何，先去一趟醫院請醫生幫您診斷一下，倘若不是更年期障礙或疾病，您能做的事情應該還有很多。

Q?

22

突然失去摯愛的女兒，我該怎麼活下去？

女性 50多歲

從前我看過美輪老師的舞臺表演及香頌巡迴演出，總覺得老師就像自己親近的友人，所以才寫信向您傾訴煩惱，希望老師拉我一把。

我是一個母親，前不久在一場突發事故中失去年僅二十二歲的女兒。女兒死後，我滿腦子都是追隨她一起去的念頭，這時偶然在書中看到這一段文字：「自殺輕生的人，死後會去另一個世界，無法和往生的親友重聚。」

倘若死後也不能見到女兒，死又有何意義，於是我暫時放下輕生的念頭。不過，我每天都在思考，自己是不是做錯了什麼，才會遭到報應。

一直以來，我從未拿自己與別人比較，也不會嫉妒過他人，雖說沒有虔誠的信仰，偶爾在路上看到托缽化緣的僧人，也會捐點小錢並向對方雙手合十行禮。

我女兒更是從未做過任何壞事。孩子離世後，我怨天怨地，只想質問老天爺：「我究竟做錯了什麼？是被壞東西纏上了嗎？難道祖先從前造的孽都報在這孩子身上？還是說她的死只是單純的偶然，沒有原因？」不管怎麼想，我依舊想不明白。

如今，我的人生只剩絕望，這麼活著又有什麼意義？如果我虔誠地供奉女兒，是否就能獲得內心的安寧與平靜呢？

今後的我只能抱著喪女的痛苦活下去嗎？希望美輪老師可以開解我，給我一點安慰。

A

回答

女兒看到您健康活著，才不會有罣礙

請節哀。遇到這種事，您的心裡一定很苦吧。我活到這把年紀，陸續送走不少親友，痛失摯愛之人，必須花上三年，心中的痛苦才能平復。

此時，最有可能幫到您的，就是哲學或佛教的經典，不妨多閱讀這類書籍。此外，務必小心那些騙人的算命師、新興宗教或通靈人士。世上多的是這種危險的可疑傢伙，千萬別上他們的當。這些人最擅長在人們心靈脆弱之際趁虛而入，眞的很可怕。

幸好您放下了輕生的念頭。年紀輕的女兒先走，年紀大的母親反而留在這世上，可能因爲您是最適合祭祀女兒或祖先的人選吧。

不管遭遇怎樣的悲劇，我們都要保持一顆溫暖慈悲的心，以及冷靜沉著的腦袋。最理想的活法，就是保持「頭腦要冷，心要熱」的狀態，這也是人們來到這世上要做的修行。

您覺得這種事之所以發生，一定是自己或女兒從前做了錯事，這個想法是錯誤的。您女兒的死在這個世界雖然是悲劇，從另一個世界的角度來看，則是「歷劫歸來」。釋迦摩尼佛說：「眾生皆苦。」這世間本就是修行的道場。修行不夠的人，會像我這樣活得久一點，因爲我沒有通過考核，必須留在人世修行，遲遲無法畢業。相反的，生性正直善良、內心溫暖的好人，可以「跳級」畢業，提早解脫。這就是所謂的「蒙主恩召」吧？這些好人死後會回到自己先前待的地方。

您女兒如今應該在眾多善靈的歡迎之下，榮耀回歸另一個世界吧。英年早逝的人，沾染的俗世汙染較少，她一定能前往「很棒的地方」。所以，您在這個世界一定不能哭喊哀歎，以免將負面的氣傳遞給女兒，平白使她牽掛。如此一來，她才能專心修行，成爲更高層次的神佛。

母親倘若自殺輕生，或是沉迷於可疑的算命占卜、新興宗教及通靈人士，丟下家庭不管，恐怕會讓您的女兒心有罣礙，無法成佛。所以，千萬不要自暴自棄，請您顧好家庭和生活，堅持心靈的修行，保持一顆平和純淨的心好好過日子！這麼一來，女兒在另一個世界也能安心追隨佛祖修行。

身爲母親，您今後的任務就是讓女兒看到媽媽身心健康、過好每一天的模樣。

Q 23

我想從父親手中救出母親

女性 40多歲

我的煩惱與父親有關。父親他爲人相當認眞，個性卻頗爲頑固。他待孩子很好，即使有慢性病，爲了養家依舊扛著壓力一直工作到退休年齡。我們姊妹高中畢業後全都離家到外地讀書，學生時期的生活費也是父親出的，對此我一直感激在心。

不過，父親的酒品不好，行事也非常大男人主義，年紀大了以後，越發地神經質，自我中心的言談舉止也逐漸增加。他不肯好好傾聽別人的話，只顧著聊自己的事，還不斷批評他人。與他同住的母親不管做什麼，父親都要語帶威嚇出言干涉，甚至限制母親的行動自由，不准她隨意外出。

我們這些女兒每次回娘家，心情都很沉重。即使出言相勸，他也聽不進去，最後心累的還是我們。

有時回娘家探望母親，他也是自顧自地說個沒完，根本無法和母親好好聊天。他自己沒有興趣嗜好，也不愛出門，就算女兒們邀母親一個人來玩，他也堅決不肯放行。

一直以來，母親總是爲了家人或他人犧牲奉獻，從未顧及自己的需求，所以我才希望她老後能過得開心一點。因爲父親的緣故，她現在只能頂著壓力，關在家裡過日子。「與其這樣憋屈地活著，還不如比父親先走，她老人家也能早一點解脫……。」明知可能會遭天譴，有時我仍忍不住這麼想。請問美輪老師，我該怎麼辦才好？

A

回答

找出適合您父親的消遣

嗯……您的立場確實很爲難。您父親從事的應該是那種穩定但無趣的工作吧？從您的敘述，完全嗅不出一絲文化的氣息呢。

喜歡閱讀或聽音樂的話，也許還能從中得到精神慰藉，倘若您父親一直沒有自己的嗜好或娛樂，就可以理解他爲何把心中的鬱悶發洩在太太身上，或是轉爲對他人的批評。精神壓力找不到出口的人，就像困在迷宮裡，心裡既焦躁又迷惘。

給自家孩子出學費，本來就是父母應盡的義務，您能懂得肯定父親的付出，並心懷「感謝」，還是很了不起。

您的父親長年以來可能累積了不少委屈。在家只說自己事情的人，大多因爲職場裡沒有人肯定他的能力或表現。

要是您母親的性格再強勢一點、懂得反抗就好了，現在要她突然改變應該也很難。況且，萬一惹得您父親不開心，盛怒之下動手打人就糟了，這麼做風險實在太高了……。

有個方法雖然有些極端，也許可以試著對他下一劑猛藥，讓父親嘗嘗孤身一人的滋味。這樣他才能切身體會太太與女兒的可貴。

請您的母親事先別漏一點口風，直接離家出走。桌上只留一張「多謝照顧」的字條，嚇嚇您的父親。母親可以到女兒家小住幾日，或是來趟一個人的小旅行。

我想，您父親可能沒意識到自己對母親做了多過分的事，應該先讓他察覺到自身的錯誤，否則他恐怕不會學到教訓。

不過，「離家出走」只能作為您母親忍無可忍時的最後手段。趁事情還沒演變成這樣，先幫您父親找到可供他散心的嗜好或消遣吧！例如：圍棋、將棋、吟詠詩歌或閱讀，待在家裡也能做的娛樂其實不少呢。

盡量幫父親找到與文化、個人素養或知識有關的嗜好。實在沒辦法的話，再訴諸最後手段。

最近有不少人用卡拉ＯＫ或智慧手機遊戲，代替閱讀打發時間。雖說這些活動與個人素養或知識無關，也算是有助於排遣情緒的好辦法。

Q 24

夢到過世的父親，讓我很不開心

女性 50多歲

我父親在十二年前離世，那一年他七十七歲，至今偶爾會出現在我夢裡。但我自幼就不喜歡他，現在也是。

我幼年時，父親就在外地工作賺錢，每年只回家一次。直到我快上小學，他才回家定居，卻一直沒有固定工作，只是埋頭於家務或他喜歡的園藝。母親一肩扛起全家生計，早晚都得工作，所以父母的感情不算和睦，經常爲了錢吵架。

我是父親的老來女，他總是把這件事掛在嘴上，對我表達疼愛的方式也很誇張。隨著我逐漸長大成人，那些舉動眞的讓我非常反感。例如：突然跑來撫摸我的頭，或是硬要我親他的臉頰……我眞的很不喜歡！

再加上他不去工作賺錢養家，我對父親的反感越發強烈。晚年的他總跟嫁出去的女兒伸手要錢，還曾偷拿我的印章，用我的名義去借錢。

父親病倒後很快就走了，老實說當時我眞心鬆了一口氣。他會出現在我夢裡，是因爲恨我這麼想他嗎？夢醒以後，我只剩下滿滿的不愉快和疲憊。

因爲父親不在世而安心，身爲他的女兒，其實我也非常厭惡這樣的自己。要是我對父親能多一點愧疚，跟他道歉：「抱歉，當初無法好好愛您。」他是否就不會出現在我夢裡呢？

A

回答

嘗試去了解您父親的「歷史」

您的煩惱無關靈學，問題的癥結在於心。您對父親心懷怨恨，那是一種類似近親厭惡的情感。

青春期的女兒對父親過度親近的舉止感到厭惡，這是常有的事，在多愁善感的年齡被迫與父親過分親近，可能造成您揮之不去的心理創傷。

不過，希望這位女士也能站在父親的角度思考一下。您的父親經歷過怎樣的少年時期，又是在哪種環境下長大？倘若您的母親還健在，不妨問問她，或是向其他人多方打聽。

不知您父親先前從事什麼工作，爲何每年只能回家一次？之後沒有固定工作的理由又是什麼?先別太情緒化,試著用冷靜客觀的角度,追溯父親的成長歷史。

他是被怎樣的父母撫養、又是在何種環境下長大?在校時學的是什麼?出社會後又是如何與妻子、也就是您的母親相識?不要將他視爲父親,而是將當他視爲「一個人」,以對等的眼光看待他的人生。我認爲,爲了得知某人的歷史去了解他的故事,往往可以看清那個人眞正的本質。

您父親最大的心靈寄託,應該是太太與孩子吧?他在經濟方面也許是個弱者,可姑且不論妻子還是丈夫,讓有能力去工作賺錢的人來養家,本就是正常的。由擅長賺錢的人負責賺錢。而且做家事和育兒也是很了不起的工作,您父親的角色就是家庭煮夫。「女主外、男主內」的觀念如今一點也不足爲奇,當時可沒有這種觀念,您父親也算是時代的先驅呢。況且,若太太不愛做家事,硬逼著對方去做,對她而言簡直比死還難過。

您說想跟父親道歉：「抱歉，當初無法好好愛您。」老實說，我覺得這樣的想法有一點自戀。

世上的每一個父親，只要眞心疼愛孩子，不管是男是女，都想磨蹭孩子的臉頰，或是跟孩子討親親啊！也許孩子會嫌棄，可做父母的就是忍不住想這麼做啊！所以，您的父親絕對不是奇怪的特例。

當您改從理性的角度看待他，也許就會覺得「啊，我們家的老爸其實算是正常人啦。」如果可以這麼想，您心中糾結已久的某些想法，應該也會改變。

理性思考有助淨化人們心中的怨氣。這麼一來，您應該就不會再夢到父親。畢竟他當初對您做的，只是一般父母會對自己孩子做的事。

Q 25

我該怎麼幫當班長的兒子？

女性 50多歲

我今年五十多歲，想跟老師諮詢我兒子的事。

兒子是國中生，在校擔任班長一職，他不僅負責統整班上同學的意見，也會以班代表的身分到其他班級聯繫感情，建立班際間的良好關係。

而且，這孩子認爲班上每位同學的幸福攸關整個班級的發展，每當班上有人家裡發生不幸，他都會登門拜訪，對同學的家人表達關懷及慰問。

誰知最近班上竟有幾個同學對他說：「班長只須做好分內之事即可，不相干的事情無須多管閒事。」

對方似乎私下議論過「班長該怎麼當」，當事人不知爲何卻被排除在這場討論外。

我明白一個班級本就會有不同的聲音，可我兒子身爲班長，卻不能參加與自身工作相關的討論。在他本人無法爲自己辯解的狀況下，單方面地被對方肆意批評，未免太可憐了。身爲母親，我無法認同這種做法。坐視不管的話，我擔心兒子的人權會遭到侵害。

面對這種情況，身爲家長的我和兒子該如何應對呢？希望美輪老師可以給我們建議。

A

回答

經常提醒自己「過猶不及」

我想，您的兒子確實有些多管閒事。像是以「班代表」身分到其他班級聯繫感情，或是班上有人家裡發生不幸時登門拜訪關懷，這些感覺都做過了頭。尤其家事屬於私人領域，就連學校也不該隨意干涉，同學家人看到前來慰問的不是學校老師而是班長，想必也很傻眼。

自家孩子在父母眼中總是最好的，您想必也覺得「我兒子可以當上班長，眞是優秀。這孩子簡直就是完美的化身，了不起啊！」其實，從客觀的角度來看，您兒子應該既優秀又可靠，才會被同學選爲班長。

不過，孩子有時行事不妥的時候，家長也該適時地提點一二。您兒子用老派一點的說法來形容的話，就是「愛出風頭」。這樣的人很容易被討厭喔，因為這世上充斥著羨慕嫉妒恨。

您兒子首先要做的是：專注自己班上的事務。此外，對方若沒主動開口，也別多管閒事追著人家問：「你還好吧？」在對方要求幫忙之前，千萬別貿然行事。

被排除在班上同學的討論外，感覺真的很不好。但追究其背後的原因，也許與您兒子一直以來的言行舉止有關。此時作母親的不妨建議他：「同學這麼做可能有他們的理由，找出原因的話，說不定就能解決問題喔。」

這次的事對您兒子不啻為一個好機會，可以得知自己的言行看在他人眼中是什麼模樣。現在的他還沒做好心理準備，去面對旁人的羨慕嫉妒恨吧？遇到有人批評自己，主動向對方求教也是一個好辦法。看到你虛心求教的態度，對方心裡也會覺得受用。

不管怎樣，您兒子可以從這件事學到做人處世的道理。這個經驗在他今後長大成人、出社會工作之際，一定大有益處。凡事遵守「過猶不及」的準則，時時提醒自己注意分寸。

最後，我想提醒這位媽媽一件事：請跟兒子保持適當的距離。因爲是心愛的孩子，您才會時時刻刻地操心他，倘若出於愛子心切，對孩子的人生事事干涉，反而會阻礙孩子學習獨立。建議您後退幾步，站遠一點，默默守護孩子的成長吧！

Q

26

放不下對父母的怨恨

女性 50多歲

我非常恨自己的父母。讀小學和國中的時候，我曾遭到父親性侵，這件事我一直不敢告訴任何人。直到女兒上了國中，眼前的少女總讓我想起從前的自己，精神飽受摧殘，直到對身邊的人說出埋藏已久的祕密，心裡才稍微輕鬆一點。

誰知父親在那以後自殺了。如今八十幾歲的母親當時對我說：「性侵的受害者不是只有你一個，其實我也……」之後我們母女倆裝作什麼事都沒發生，繼續如常往來。

去年夏天，我因爲胃癌開刀，母親問我：「爲什麼會生病？你是不是喝太多酒了？」聽到她的責備，長久累積在心中的憤怒瞬間爆發，我忍不住痛斥她：

「那時你對我說的話成了我這輩子最大的壓力，會生病也是因爲那個。你別來探病，我不想看到你！」

痛罵母親這件事，我一點也不後悔。她非但無法保護我，知道眞相後還裝得若無其事，連一絲反省的態度都看不到，看著這樣的母親，心中對她的恨只會越發強烈。

不過，我母親的親生媽媽在她十幾歲時就自殺，還會目睹親生爸爸的外遇，她的人生其實也不容易。

相較之下，我因爲有先生的疼愛和守護，如今過得很幸福。先生也勸過我：「從前的事就放下吧。」但我實在放不下對父母的怨恨。即使有心原諒對方，每次只要一看到母親，又會忍不住火大。請問美輪老師，我該如何從這樣的情緒解脫呢？

A

回答

珍惜當下的幸福

在回答您的煩惱之前，我想確認一件事：您現在有先生也有小孩，過得很幸福吧？倘若您現在過得很不幸，繼續怨恨父母也無所謂。如果不是這樣，希望您將注意力放在眼下幸福的生活。與當時相比，您現在的家庭是多麼美滿且幸福。

您父親的確對您做了很過分的事，但他已經懲罰自己，用命來贖罪了。我想，他應該是覺得痛苦自責，才會選擇自殺吧？倘若他一點罪惡感都沒有，很有可能以一句「那時是我不好」輕輕帶過，繼續厚臉皮地活到現在吧。爲了您今後的人生著想，請告訴自己：「那件事已經告一段落了。」跟過去徹底做個了斷。

再來是您母親的事，這位女士的人生也是一連串的不幸啊，更甚著，丈夫竟對心愛的女兒出手……。得知不堪的真相後，面對您的父親時，心中恐怕連「我要殺了你」的想法都有吧？越是深愛丈夫，心中越是糾結。長久以來，您的母親該有多麼痛苦，其心情絕非旁人可以想像。

更苦的是，她既不能讓女兒看到自己這副模樣，也無法向您抱怨。可以確定的是，您母親確實是個可憐人。有的母親知道丈夫染指女兒，反而會將矛頭轉向女兒，將對方當成情敵欺負。可您母親並沒有這麼做，對吧？

這件事最後以丈夫的自殺劃下了句點，可想而知她該有多麼痛苦悲傷啊。您無疑是這件事最大的受害者，但您是否也能想像一下母親的心情，以及萬一自己的孩子遭到丈夫虐待的話……？這麼一來，您應該就能理解您母親有多麼堅強。您身邊有值得信任的人可以傾吐煩惱及祕密，她應該沒有傾訴的對象。

您的父親因爲罪惡感的折磨，最終選擇自殺乞求原諒，母親則是選擇承受這一切繼續活下去。如果可以正視這個事實，您心中對她的怨恨是否能稍微放下一些呢？

經歷過不幸的人，才懂得珍視每個微小的幸福。一直以來都很幸福的人，只會視幸福爲理所當然。這個道理您一定懂吧？「當時的不幸，讓眼前的幸福放大爲十倍、二十倍。」換個角度思考，希望您今後也能珍惜當下擁有的一切，幸福地活下去。

Q 27

容易對父親不耐煩，我該怎麼辦？

女性 30多歲

我三十多歲，罹患憂鬱症的母親於兩年前過世，如今我與八十多歲的老父一起住在地方城市的郊外。

我有服用安眠藥的習慣，睡得比較沉，早上必須靠父親叫我起床。父親會幫忙做早餐、洗碗盤和洗衣服，晚餐由我負責準備。老人家願意幫我負擔一部分家務，真的幫了我大忙，對此我也是心懷感恩。

父親由於年紀大了，耳朵聽力不好，無法與人正常對話，日常的採買由我一手包辦。不過，光是菜單這一項，老人家就讓我傷透了腦筋。明明事先問過：「今天晚餐買生魚片，好不好？」他也回答：「好啊。」買回來吃完後，他卻抱怨：「胃涼涼的不舒服。」有時父親要求：「今天想吃燉的。」做給他吃以後，他又抱怨：「感覺肚子一直發出咕嚕聲。」母親罹患憂鬱症之前，爲了配合挑嘴的父親，每次採買的食材多到幾乎要放到壞掉。

前幾天也是一樣，他說：「內衣你買什麼我就穿什麼。」但我知道自己隨便買的話，一定又會被他抱怨：「這個穿起來不舒服。」所以特地前往離家四站、老人家喜歡的店去買。

家裡爲了省錢，沒有跟網路供應商簽約，因此無法上網購物減輕採買的負擔。

最近老人家又在問：「原子筆的筆芯用完了嗎？」他不知道的是，筆芯只有離這裡兩站的市區文具店才有賣！面對這樣的父親，有時我眞的很不耐煩。

請美輪老師教我，怎樣才能忍住不在心裡罵父親「臭老頭」呢？

A

回答

請感謝父親照顧你這個「不肖女」

這還眞是傷腦筋呢……。不過，做早餐、洗碗盤、洗衣服都是父親幫忙做的，您也很感謝他的付出，對吧？那麼，請將您對父親的感恩時刻放在心上，不要忘記。

您該多體貼一下老人家。每個人都會變老，隨著年紀增長，腰腿容易變得虛弱無力，耳朵也會重聽。

想像一下，無法跟旁人正常對話的那種焦慮、痛苦和寂寞……。彷彿被這個世界隔離，任何人處於這種狀態都會焦慮。再也聽不到優美的音樂和淸脆的鳥啼。想要與人對話，雙方必須大吼大叫才能溝通，您父親每天都在忍受這種痛苦喔。

父親吃了您準備的食物後給的評語，也不是「難吃。」、「這東西能吃嗎？」這種想找您吵架的惡評。「胃涼涼的不舒服。」、「肚子一直發出咕嚕聲。」只是老人家對自己身體狀況的感想，這其實很正常，無須解讀成「父親在抱怨我」。

至於「內衣穿起來不舒服」這一點，你們年輕人一定無法理解。年紀大了之後，很多老人家尿尿時無法排乾淨。東京巢鴨「釘拔地藏菩薩」附近賣的紅內褲，之所以廣受老人們歡迎，理由在於這款內褲的胯下部分有兩、三層的加厚設計。

而且，不同製造商販賣的內衣，尺寸、剪裁都不一樣，穿的人的體型或健康狀況，也會影響內衣穿起來的舒適度。年輕人裡也有不少人非常講究這一點，例如運動員。尤其老年人還必須面臨體型和身體狀況的變化……，所以我可以理解您父親的心情。

您說到離家四站的店家購買很麻煩，地方城市的電車班次雖然不多，至少您無須跋山涉水，也不是每天都要去。至於原子筆的筆芯，像您母親那樣多買一些備著不就好了。實話實說，如果我是您的父親，先發飆的人應該是我才對。

您問我「不在心裡罵父親臭老頭的方法」嗎？建議您換個角度反省一下：「這樣罵每天辛苦照顧自己的老父親，我才是不肖女！」您如今已是三十幾歲的大人，每天早上還要父親叫自己起床，就連內衣應該也是老人家幫忙洗的吧？當您覺得父親很煩時，請先用手摸摸良心，想想您這個女兒又是怎麼當的。

唯一可以拯救自己的方法，就是「心懷感恩」。請您正視自身的問題，好好地反省吧。

5
Chapitre

我們活在多元的世界

私たちは多様な世界に生きているのです

Q ?

28 愛上同性別的學校老師

國中女生 10多歲

我是就讀國中的女生，煩惱是愛上不可能有結果的人。對方是學校的美術老師，年紀是二十歲的後段班。已婚，之前休育嬰假，最近才復職。最重要的是，那位老師跟我一樣是女生。

我不排斥穿校服的裙子，也不會做出男生那般粗魯的舉動。不過，有時我會覺得自己是男是女都無所謂。即使一早起床發現身體變成男人，應該也不會受到太大打擊。

我不在乎對方年紀比我大。我喜歡有主見的人，經常愛上比自己年長的對象。

「不就是國中生的單戀，有什麼好大驚小怪的。」旁人也許會這麼想，身在其中的我卻很痛苦。因爲我明白這場單戀是多麼輕率莽撞……。想到這一點，感覺自己的心快要碎了。

放學回家後，我會反覆閱讀老師在講義幫我寫下的筆記。當她那嬌小的身體、俐落的短髮、認眞的眼神一一浮現在腦海，感覺胸口彷彿被什麼勒住一般，快要無法呼吸。

我知道自己不該喜歡上她，也曾嘗試用運動或閱讀來轉移注意力。可是，不管我做什麼都沒用。明知自己的心意只會給老師帶來困擾，但我就是無法控制自己的感情。

高中升學考試在即，我卻愛上了不該愛的人，請問我該怎麼辦？

A

回答

無須擔心。好好培養你的學識和素養！

這個年紀的女孩子，很多人都會喜歡上同性的同學或學姊，您不是特例喔。對正值青春期的國中女生來說，汗毛濃密、身上氣味重的臭男生才令人難以接受。不少女孩子甚至會討厭父親身上的氣味，喜歡的長相也是偏陰柔的偶像型花美男，而非陽剛的類型。寶塚歌劇團的人氣之所以長年不墜，正是這個理由。

所以，您沒有任何異常，這樣的狀況很常見。

而且，就小妹妹您目前的年齡階段，也無法判定是否就是女同性戀。就算真的是女同性戀，也沒什麼好擔心的。您說自己不抗拒穿裙子，同性戀其實有各種形式，打扮女性化的人也有可能喜歡上女人。一個人的性取向與其服裝打扮，兩者未必相關。因爲人們本就是千差萬別、各不相同。

許多同性戀者成年以後，成爲上班族或是公務員，會在職場隱藏自己的眞實性取向。雖說如今時代已經改變，像公家機關這種特別講究秩序的社會，依舊很難獲得眾人的理解。

不過，如果從事藝術相關工作，反而可以成爲自身的優勢，尤其是時尚相關產業，更是完全不成問題。男同性戀的話，在這一行反而更吃香呢。模特兒們容易向他們放鬆警戒，傾訴各種煩惱。

無論如何，小妹妹您完全無須擔心。就連異性戀的大人，也有可能愛上與自己相同性別的人。世上所有人本就無法用非黑即白的二分法來分類或定義。不須刻意去定義自己是「這一類人」。

眼下您應該做的是：廣泛吸收各科目的知識，累積個人的素養，成爲可以讓您喜歡的女老師佩服的人。這麼一來，老師也會對您另眼相待，進而發展全新的關係呢。如果您能做到這個地步，升學考試想必也是不成問題。

除了學校的考試科目，也要多接觸文化方面的知識喔。爲了吸引喜歡之人的注意所學習的一切，終有一日都將成爲你最珍貴的資產。有這麼多事情可以挑戰，眞是令人期待。

您喜歡的對象是教美術的老師是吧。倘若可以廣泛涉獵文藝復興、巴洛克、日本浮世繪（又名「錦繪」），以及現代的美術作品，跟老師不就有更多共同的話題嗎？相信老師一定會對這樣的您刮目相看！

Q

29

我該出櫃嗎？

高三生　男性

冒昧來信，您好。我是高中三年級的男生。每日忙於大學升學考試及社團活動，高中生活非常充實……我希望自己可以充滿自信這麼說，但我有一個難以啟齒的煩惱。

在戀愛這方面，我覺得男性比女性更有吸引力，我是男同性戀。我希望大家可以暸解眞正的我，就當今日本的狀況來看，同性戀還是容易被旁人投以異樣的眼光、被歧視。我擔心「萬一被學校的其他人知道，自己可能會遭到霸凌」。

因此，即便是可以信任的好友，或是在我看來對ＬＧＢＴ族群表示理解的父母，我也無法向他們坦白自己眞正的性取向。

不過，對親近的友人和家人隱瞞眞正的自己，讓我覺得非常痛苦，煩惱許久以後，我決定寫信給您。

請問美輪老師，我該隱藏眞正的自己、維持目前的生活，還是乾脆向親友們出櫃，坦坦蕩蕩地活著呢？或者，我還有其他完全不同的選項？不好意思，有些詞窮了，希望老師可以給我建議。

回答 等成年以後再說

「是否應該出櫃？」，不少人都有同樣的煩惱。我的答案很簡單：眞的很想出櫃的話，請先等到成年，或是上大學後再說。

高中生裡還有許多人無法明辨是非，對於他人也缺乏體貼，此時出櫃容易被眾人當成笑柄。因爲國高中這段時期的孩子，正是喜歡揪人錯處，把別人的痛苦當有趣的年齡。

之前有個國中生跟你有相同煩惱，可惜他沒聽進去我的建議，還是跟喜歡的對象告白了。結果這件事被對方大肆宣揚，最後他連學校都待不下去，把自己逼到了絕境。後來還鬧自殺，搞得人仰馬翻。最後我勸他轉學，主動離開讓自己難堪的環境。

說到底，自己是同性戀這件事沒必要弄得人盡皆知。試想一下，異性戀的男生會逢人就說「我眞的超愛女人」嗎？沒有吧？刻意強調「人家喜歡的是男人」的女生，看在旁人眼中也只會覺得她腦袋有問題。既然如此，同性戀者又爲何非得「出櫃」不可呢？這種想法打從一開始就是錯的。

一樣米養百樣人，自古以來世上本就有形形色色的人們。無論同性戀或是異性戀，不都在自然法則中存活了下來嗎？何況您又不是作奸犯科，大可像其他人一樣抬頭挺胸，坦坦蕩蕩地活下去。

電視節目中，經常看到有人因爲男同性戀的身分，必須在眾人面前表演抱著其他男藝人不放的場面。長久以來，同性戀者之所以遭到大眾輕視，就是因爲社會容許有人拿這種事開玩笑，或是坐視有人被當成笑柄取樂。

或許這正是節目製作人或導播想要的「笑果」，但我實在不能苟同。近來東京有越來越多行政區公開表示對同性戀者的支持，刻意的表態背後，正是多數人仍將同性戀者視爲「異常」的現實。令人忍不住反思，世上還是有很多人認爲自己的小世界就是所謂的「正常」，並用他們狹隘的標準來衡量所有人。

此外，是否向父母坦白自己的性取向一事，我想您的爸媽今後隱約會察覺到眞相。不過，無須特意告知父母「我是同性戀」，您只須跟從前一樣，照常相處即可。

您現在是高中生，正面臨人生的重要關卡，爲了今後的人生著想，現階段還是先以校園生活爲主，專注於您的學業吧！

Q?

30

「我愛的他」跟別人結婚了……

男性 30多歲

我是三十歲後段班的同志，去年交了年紀比我小一點的男友，我非常珍視他。我倆彼此相愛，感情很好。

可是，數月前他結婚了。女方是他在父母勸說下相親認識的對象，兩人公開交往，歷經同居，決定牽手步上紅毯。

由於男友想要小孩，再加上父母盼望他早日成家，所以他無法拒絕這樁婚事。即使我再三乞求，但他心意已決，最終還是決定結婚。

不過，對他而言我仍是最重要的人。即使結了婚，他還是會瞞著老婆與我見面。他對我說：「希望今後也能繼續跟你見面。」

我很確定他對我的感情沒有虛假，我深愛著他，所以不想跟他分手。可他如今已是有婦之夫，我們的關係還能維持到什麼時候呢？想到這一點，我再也壓抑不住心中的不安。今後我該以怎樣的心態活下去呢？

我跟他的關係外人並不知曉，對他太太的嫉妒，以及輸給一張結婚證書的不甘心，負面的情緒接二連三湧上心頭，日夜折磨著我，搞得我糾結不已。我想請問美輪老師的意見，希望您給我建議。

回答

其實你不夠愛他

來信的這位先生，在您心中，自己比對方更重要吧？您說「我深愛著他」，但那不是「愛」，只是喜歡，您對他的感情是「戀」而已。

愛跟戀不一樣。我們聽過「狂戀」、「畸戀」，卻沒聽過「狂愛」或是「畸愛」。這是為什麼呢？還有，為何我們都說「戀愛」，卻不說「愛戀」呢？這是因為「先有戀，才有愛」。

「戀」是自己的慾望。「我想一直抱著他。」、「我想跟他做愛。」主詞都是「我」，為了滿足自身的慾望，逃離孤獨，因此才需要對方。

因此，約定見面的時間到了，對方卻沒有準時現身，就會感到生氣，在對方出現時責備他遲到，將怒氣發洩在對方身上。因爲此刻您最重視的是自己。出門購物時，選擇商品也是基於「我想被他稱讚」、「我想讓他覺得我很可愛」的心理。

可是，當這份感情發展爲「愛」，就算是爲了買自己的東西出門，只要看到「感覺很適合他」的商品，就會立刻掏錢買下，自己的需求反而放在其次。約好碰面對方卻沒有出現時，第一時間的反應也不是生氣，而是擔心「他該不會半路出了什麼意外？」或是檢討自己：「他工作這麼忙，我還硬要他陪我……。早知道就不該叫他出來。」

等對方現身爲了遲到向您道歉時，還會安慰對方：「別介意，我也是剛到而已。」努力不讓他覺得有負擔。您的世界開始以他爲中心，只繞著他一人轉動。凡事以他爲優先，自己的事則退居第二、第三順位。這才是眞正的「愛」。

這位先生對男友的感情是「戀」。您對男友的太太心生嫉妒，就是最有力的證據。倘若您深愛他，應該感激對方的妻子才是。因爲光靠您一人無法滿足他的需求，您不能生小孩，但女方能夠實現男友的心願。如願成爲爸爸如果可以讓他感到幸福，而您也願意在背後祝福他們。這才是眞正愛一個人的表現啊！

您和男友的太太都是深愛他的「同道中人」。如果您眞心愛他，就會對他的妻兒心懷感恩：「謝謝你們讓他幸福。」甚至愛屋及烏，想要善待他的家人。

倘若沒有察覺到「戀」與「愛」的區別，只顧著滿足自己的慾望衝動行事，就會成爲討人厭的跟蹤狂。跟蹤狂屬於犯罪，只會讓人覺得很煩。最重要的是，倘若您因爲嫉妒對男友發洩心中委屈，只會招來對方厭惡，將您視爲沉重的負擔。

眞心愛對方的話，就該做好覺悟，接受他的一切。這麼一來，不僅對方會輕鬆很多，您也能得到解脫。「不夠愛他」正是您眼下煩惱的源頭。以上是我個人的意見，希望對您有幫助。

31

我想跟黑人男友結婚，可是……

女性 20多歲

我現在二十幾歲，正考慮與交往四年的美國男友結婚。他對工作充滿熱忱，很有人望，待家人和朋友也非常好，是一個眞誠且溫暖的人。可是，因爲他是黑人，我們的婚事很可能遭到家長強烈的反對，讓我不知該怎麼開口才好。

之所以說「很可能」，理由在於我一開始跟他交往時，曾不經意向我媽透露這件事，母親受到很大的打擊，甚至放話：「你跟你的小孩一定會被霸凌。我無法接受黑人成爲家人。如果你跟他結婚，我就與你斷絕母女關係。」

我現在一個人住，母親和外婆住在一起，兩人的思想都非常保守。

我小的時候，母親曾因育兒焦慮，一度放棄親權，成長過程雖然一波三折，我還是很感激她將我養育成人。不過，將來要共度一生的結婚對象，我想自己決定。但得不到周遭親人的精神支持，又讓我倍感不安，覺得自己很可悲。

男友聽聞我家的情況，也願意跟我一起認眞面對現實，爲了不破壞我跟家人間的良好關係，即使心中不捨，他還是哭著向我提出分手。由於我們都很珍惜對方，最後還是決定繼續在一起。

美輪老師，請問我該怎麼做，才能不被家長的想法左右，決定自己的人生大事呢？

A

回答

帶男友去讓母親了解他的為人

這位小姐的母親曾罹患育兒焦慮，應該比任何人都了解養育孩子的辛苦。因此，即使女兒跟男友再怎麼相愛，兩人的感情不是她衡量是否答應這樁親事的重點。

您母親最擔心的其實是孫子啊。也就是萬一您有了小孩可能會面臨的諸多難題。她擔心孩子有了黑人血統，在校或是職場都會遭到歧視，肯定會吃不少苦頭。

不過，歧視與霸凌的問題，同一個國家的人也會遇到。「因爲外國血統才被歧視」的老舊觀念，還是盡早捨棄才好。近年來，多虧了八村壘（職業籃球員）

及大坂直美（職業網球員）這些在體壇上表現優異的混血運動員，日本對膚色以及人種的偏見也緩和了不少。

不過，關鍵在於您的母親是否願意接受男友。您應該先將男友介紹給母親，透過實際的相處和對話，讓母親了解他的爲人。從您的信看來，雙方似乎還沒見過面。當務之急是先讓兩人見面，好讓您的母親有機會了解他。

話說，一開始若不是以「男友」的身分，而是作爲您的「朋友」介紹給母親，她應該會更容易接受對方吧。人們只要想到不認識的外人即將踏入自己的人生，往往會心生抗拒。突然聽到女兒說：「我要跟他結婚。」會排斥對方也是正常的。

試想一下，當初您若是先以朋友的身分介紹給她，等對方博得母親的好感，再坦白告知：「其實他是我男友。」比起素未謀面就突然說要結婚，母親對他的印象應該會大不相同吧。

不過，這個辦法如今已經行不通了。建議您將男友連同其他女性或男性朋友一起介紹給您母親，再請這些朋友幫忙說些好話，應該也是不錯的法子。

如果您的母親還是反對，恐怕只能先假裝分手，靜待時間淡化她的反感，或是努力不懈持續說服母親，直至她答應婚事為止。無論如何，結婚是攸關人生的大事，千萬不能躁進。

為了得到至親的祝福，務必要有耐心。倘若您的父親還在，問題會更加複雜喔，畢竟這世上多的是「捨不得讓女兒嫁到別人家」的父親。

6

Chapitre

人生在世一定要懂的生活智慧

生きるために必要な知恵とは

Q

32

我想將祖先的墓遷在一起祭祀

女性 33歲

我想向美輪老師請教關於祭拜和墓地的問題。我的父母都是獨生子女，父親繼承了他家的墓地，母親由於雙親離婚，必須照看父母雙方的墓地。我是兩姊妹中的長女，跟兩兄弟中的長子結婚，目前沒有小孩。

先生的雙親，也就是我的公婆，由於已經分家，預計要建自家的墓。婆婆信奉傳統的父權思想，認爲理當由長子繼承家族墓地。先生的弟弟（小叔）平時很照顧公婆，也已經有繼承人（男孩），要是由小叔來繼承他們的家族墓地該有多好。老實說，同時照看四個家族的墓地，對我而言負擔實在太重了。

我想祭拜一直以來對我照顧有加的祖父母和親戚。娘家的墓地若是沒了，我一定會很寂寞。自己過世的話，我想在「跟親媽一起太空葬」或是「葬入娘家墓地」兩個選項中挑一個。

我還想過乾脆把所有家族墓地都遷葬在一起，建個「志願親屬之墓」，墓碑上只刻「南無阿彌陀佛」，這樣也能算是祭拜嗎？

我本人對父權思想非常反感，如今面臨墓地的管理問題，甚至覺得當初不該因爲結婚就改成夫姓，因爲夫家的家風跟我娘家的實在差太多了。在祭祀祖先這件事上，「姓氏」眞的那麼重要嗎？

A

回答

順應時代潮流，無須被老規矩牽著鼻子走

關於家族墓地的問題，不僅限於老年人，如今已成了許多家庭的問題。比方說，因為工作離鄉背井到外地生活，無法持續祭拜老家的祖墳。時代不同了，大家不再像從前那樣世世代代都居住在同一片土地上。不過，如今交通發達，前往遠方只需幾個小時。

就連祖先的祭祀，現在還有公寓式靈骨塔這種新式管理系統。順應時代的潮流不是很好嗎？不可以將所有祖先的墓遷在一起？沒這回事！其實所有靈學，都是心的問題。

可能有人又要說：「這麼做祖先會作祟懲罰你喔。」會作祟懲罰自己子孫的

祖先，不算是祖先，而是怨靈。

有一首歌說：「別站在我的墓前哭泣，因爲我不在那裡。」（譯註：日本聲樂家秋川雅史於二〇〇六年發行的單曲《化爲千風》。）另一個世界和這個世界之間既沒有距離也沒有時間的差距。那麼，爲何我們還需要建墳呢？那是爲了安放往生者的遺骨，並讓留在人世的親屬們在盂蘭盆節時聚在一起交流感情。

平日分居各地沒什麼機會交流的親人，在愼終追遠的節日齊聚一堂，聊天交流聯絡感情。這也算是一種生活的智慧。父母親也可以在墓前告訴孩子：「我們以後也會進這裡，你們也要帶孩子來看我們喔。」

我自己的話，則是必須照看父母兩家和親戚的祖墳，由於祖墳都在長崎，距離甚遠，我只在偶爾去長崎時順便參拜。去不了的話，就將誦經費用匯給寺方，麻煩寺方幫忙誦經。我覺得這樣就夠了。包含經濟因素在內，每個家都有自家的難處或理由，量力而爲即可。

話說回來，提到「歷代祖先」，許多人都認為是專指「父親那方的直系血親」，其實不然。您知道自己祖先的人數有多龐大嗎？父母有兩人，祖父母有四人，祖父母的雙親有八人……照這樣回推計算的話，一個人的祖先人數之多，簡直超乎想像。

認為「自己沒有任何才華或潛能」的人，其實都繼承了數量可觀的遺傳基因，希望大家都能認知到這一點。就算覺得「自己的父母不夠好」，以前述方式往回推算五代、六代的祖先人數，有這麼多人，當中一定不乏優秀的人才。所謂「祖墳」，就是讓人緬懷先祖的場所。

同時，「祖墳」也是讓您暢想自身無限可能的場所。至於旁人口中那些「必須如此不可」的老規矩，大多只是迷信而已，實在沒必要被這些規矩牽著鼻子走。

Q 33

我覺得所有社會規範都毫無意義

研究生 23歲

我是今年二十三歲的研究所學生。近來我對輿論或社會規範開始產生強烈的質疑，簡直不知自己該相信什麼才好。

其實我是同性戀，目前在美國留學。之前美國各州承認同性婚姻，看到街道各處飛揚的彩虹旗，可以親身感受到許多人對這項制度的變更樂見其成。

當然，我也很開心。可另一方面，我又無法衷心祝福這件事。

在現今的時代，美國的LGBT族群們可以活得更加輕鬆自在，這樣的社會變化固然是好事，只要想起早前受到嚴重歧視的那個世代，我就會陷入極度的沮喪，連自己都很驚訝會有這樣的反應。

不僅是這次LGBT的事，我覺得一個人的人生有很大部分取決於他出生的時代和地點。一想到今日的社會規範即使不會明日丕變，二十年、三十年後仍有可能消失，我突然覺得眼前的一切毫無意義。

明年就要提交碩士論文並準備就業，我卻常在某一瞬間突然被空虛感包圍。會這樣是因爲我還是個學生，還「太嫩」了嗎？那我該如何克服這種空虛感呢？希望美輪老師可以給我建議。

A

回答

凡事抱持疑問是對的

首先，對輿論及社會規範心存懷疑是件好事。我這個世代的人以戰爭結束那年的八月十五日（譯註：一九四五年八月十五日，昭和天皇在中午十二點以錄音電臺廣播的方式向全國宣布，日本政府決定遵從同盟國的要求無條件投降。）為分界，在此之前眾人覺得「對」的事情突然成了「錯」的，「錯」的事情反而變成「對」的。正所謂「勝者為王，敗者為寇」，是非對錯一夕之間全部翻轉。

原本被視為「惡」的自由主義或民主主義，成了人人應當推崇的「美德」，而原先被視為「美德」稱頌的軍國主義、封建思想、切腹殉主的武士精神，轉眼間就成了陳腐的老舊思想。

爲了維持社會秩序，人們的確需要一定程度的社會規範，但這些規範未必百分之百正確。對規範心存質疑，才是正確的做法。我認爲您的想法很對！

您目前在美國留學，彩虹旗是同性戀的象徵，現在應該有很多機會看到吧。

您說一想到從前的人對LGBT族群的歧視就感到沮喪，其實只要追溯古希臘、羅馬時代的歷史，就會發現同性戀本就不是什麼驚世駭俗之事。許多義大利電影更是以同性戀爲題材。

應該說，同性戀在當時是「常有的事」，不足爲奇。只是，以前的國家以人數多寡來衡量國力強弱，軍隊、士兵數量多的一方更爲有利。國家主義在歐洲開始盛行以後，由於同性戀無法生小孩，後世的人們爲了一己方便，才假借上帝之名說：「上帝反對同性戀。」既然耶穌都說了：「要愛你們的敵人。」祂又怎會要求世人憎恨相愛的同性伴侶呢？

無論哪一個時代，歷史都是由勝利的那一方來書寫，好鞏固自身的政權。日本跟古希臘、羅馬時代一樣，從前的平安時代、戰國時代、江戶時代，位高權重之人身邊有侍童近身服侍是理所當然的事情。

那些批評同性戀「不自然」的人，是他們缺乏這部分的歷史知識。只因自己是異性戀，就認爲跟自己不一樣的人是「錯的」，這種思維模式簡直跟無知的法西斯主義沒兩樣。來信諮詢的先生只要瞭解自然的法則，就不會再煩惱或是心生動搖。

就像動植物有諸多種類、形色各異，人類也是。每個人生來本就各不相同，您完全不用覺得羞恥。我正是明白了這個眞理，才從未對自己感到羞恥過，面對他人之際也沒有絲毫的自卑情結。

Q

34 沉迷於占卜和可疑養生法的母親

女性 20多歲

美輪老師好，我想向您諮詢母親的事情，她現在五十多歲。

這五年來，我父親的身體狀況不佳，爺爺又過世，家裡發生一連串的不幸。不知是否是這個原因，母親開始沉迷於占卜和可疑的養生法，真的讓人傷腦筋。

如果只是她一人著迷就算了，母親甚至開始對我的行動和未來發展指手畫腳，不是強行阻止我的旅遊計畫：「你不可以到那個方位旅行！」就是隨意批評我的資格考試會場：「考場在這個方位，會順利嗎……？」任何事都要插嘴干涉。

而且，最近每次回到老家，我都發現家裡又多了不少可疑的保健食品。裡面有些產品甚至讓人質疑：「這不就是普通的水嗎？」除此之外，還有許多提倡養生保健法的書籍，可那些方法怎麼看都不科學啊！

不知是否與這些養生法的推廣機構有關，她的思考也逐漸走向極端，覺得「日本就是全世界最好的！」就連看電視時，也常說出針對外國人的歧視發言。

母親會變成這樣，應該是家人的健康問題與金錢問題等雙重壓力，導致她失去了心中原本的從容。我希望她可以靜下心來，好好化解內心的焦慮。請問有沒有什麼辦法可以點醒母親，讓她清醒呢？

A

回答

占卜只是參考，別讓它影響人生

您的母親很迷方位學吧？這門占卜學問源自中國，已有數千年的歷史，我認爲方位學也是統計學的一種。

不過，學習這門學問最重要的前提是：「占卜的結果只能作爲參考」，僅此而已。被占卜牽著鼻子走，簡直荒唐至極。「那個方位不好，不能往那邊走！」眞要按照每次的占卜結果行事，根本無法好好工作！

從前有位演藝圈的大明星非常迷方位學，經常以「我不能去那個方位」爲由拒絕工作的邀約，久而久之再也沒有工作上門。如果占卜的結果是對的，長久以來只選正確的方位走，理應一直待在大明星的寶座才對，又怎麼會搞到工作全沒了呢？

方位學本身沒有不好，但這就跟他人的提醒一樣，是讓人知道「原來還有這樣的看法」，當作參考。當然，我們也不能強迫他人照著你的提醒去做。無奈現實生活中很多人都不是把占卜視爲參考，而是奉爲圭臬，被占卜的結果牽著鼻子走，甚至影響到人生。我認爲這是非常危險的。

至於看電視時會說出歧視的發言，這又是另一回事。您應該提醒母親：「說這種話會被人家討厭喔！最好注意一下。」會說出歧視發言的人，其人格也容易被人質疑。倘若不改進這一點，持續說出不當發言，您的母親最後可能會成爲被歧視的那一方喔。

可疑的保健食品嘛……。關於這個，我想她總有一天會自己發現的。眞的有效就會繼續買，沒效就不會再買。那些保健食品有沒有效果，最清楚的是實際服用的本人。

您母親想必是出於「想變漂亮」或是「想要變瘦」的自卑或焦慮才購買這些產品。所以，保健食品這件事，建議您先暫時觀察一下。

方位學的話，這位小姐也可以自己先調查一下。就算要前往不好的方位，事前只要做好覺悟或是準備，去了也無妨。等您這方面的知識比您母親還厲害，也可以反過來勸她：「方位學是用來參考的，不是用來折騰自己或別人的喔。」

Q?

35

朋友的餐桌禮儀讓我很在意

女性 50多歲

美輪老師您好，我是五十多歲的女性。不知是否因爲近來午餐會或酒聚的機會增加，我對他人的吃相變得格外在意。

多數人聚在一起用餐的場合，總有人像動物那般吃得又急又快，還頻頻發出聲響……。現場只要有一個這樣的人，我就會覺得原本美味的餐點和店內美好的氣氛全被對方破壞了。就算是再有學識的人，我也會馬上對那個人心生厭惡。

令人頭疼的是，我婆婆吃東西時也是這樣。不過我們沒住在一起，每年只要忍耐個幾次就算了。

數日前我們一群朋友聊到要不要一起出國旅行，還能去法式餐廳享受美食，但其中有一人的吃相就像野獸那般不雅，一想到在海外跟對方同桌吃飯，我就覺得相當丟臉，因此婉拒了朋友一起出國旅遊的邀約。

不過，一想到其他人全然不在意跟「吃相像野獸」的朋友一起去旅行，又覺得「自己的器量怎能如此狹小」。即使有心想提醒那位朋友注意一下餐桌禮儀，又怕這麼做會破壞我跟她的關係……。

請問我該怎麼做，才能讓自己釋懷呢？希望熟悉禮儀的美輪老師可以教教我。

A

回答

多多體諒他人的處境

地球上大約有七十億人，每個人的成長背景、家庭經濟狀況、所處地區的文化皆不相同，從小到大的「家教」或禮儀訓練自然也不盡相同。

我朋友中有許多人自小在貧苦的家庭環境長大，根本沒那個機會學習禮儀。這位女士提到的那位朋友，說不定也是出生在那樣的環境，由父母拚命工作養大，並深愛著努力撫養自己的父母。

您自己也很清楚，對年齡到了一定程度的人給予禮儀方面的建議，只會傷害對方的自尊心，最好別這麼做。

希望這位女士能夠想像並體諒一下朋友自幼成長的環境。更何況，您自身的所作所爲、平日的言行舉止、看待事物的想法，在他人眼中看來，說不定比「野獸般的吃相」還不如，甚至讓人不禁要懷疑您的人格或人性。

正如「以人爲鏡，可以明得失」，您是否應該再謙虛一點呢？希望您對朋友可以再多一些體貼或包容，學習用一顆溫柔的心看待他人的不足。

每個人都有各自的苦衷，那些身有殘疾、行動不便之人，也許就只能用您說的「野獸般的吃相」進食。對這些人您不會用相同的態度對待吧？像這樣批評別人的禮儀，您自己是不是也有些傲慢呢？我認爲，懂得體諒並包容他人，才是眞正懂禮儀的人。

您的朋友一定沒想過自己在您心中竟如此不堪，還認爲您是值得信賴的朋友。倘若對方知道您其實很討厭她，心中又作何感想呢？

吃到美味的食物，有時人們會忍不住咂嘴表示讚美。在國外，喝湯不發出聲響才符合用餐禮儀。相較之下，在日本吃麵喝湯時發出聲音，才符合本國的文化。生長的國家或家庭不同，常識或禮儀自然也會不同。您要不要試著接受朋友的用餐方式呢？

您覺得「自己的器量狹小」，代表您還有救。請隨時提醒自己，千萬別成爲心胸狹隘之人。心裡瞧不起對方的同時又裝作沒事和對方一起用餐，這是既沒教養又沒禮貌的人在做的事。如此心口不一才是眞正的失禮。從今以後，請您認清自身器量狹小的缺點，時時提醒自己不要成爲那種討厭的人。

Q 36

丈夫過世，祭拜該怎麼做？

女性 60多歲

我是六十多歲的女性，丈夫已經離世。他在世時，平時我倆聊天就說過：「死亡這種事不是年紀大的人先死，也不是先得病的人先走，一切都是『天命』。」當他被醫生宣告只能再活兩年時，也能冷靜地接受命運。

他選擇不動手術也不做延命醫療。葬禮依照他本人的意願，採用無宗教的儀式。墓地方面，我們選了接納所有宗教信仰、任何人都能進的墓園。墓碑雖然不大，但可以自行設計客製，我們選擇刻上丈夫喜愛的句子，搭配他過世前幾週畫的花朵素描，開開心心地下單訂製。

喪禮告一段落後，我總算鬆了一口氣。看著墓園中排列的一座座墳墓，赫然發現由於我們家沒有宗教信仰，既沒有請和尚幫忙誦經，也沒請神主（譯註：在日本神社侍奉神明的神職人員，工作內容是向神明祈禱、執行一年中慣例舉行的活動、祭典或各種儀式。）幫忙祈禱。感覺該做些什麼來供奉先生，但我又不知要做什麼才好，眞是傷腦筋。

我娘家是佛教徒，葬禮或法事都按照寺廟住持的吩咐進行。我先生老家信奉的是神道教，他相信死後世界的存在。

我倆沒有宗教信仰，之前雖然也會去神社或佛寺參拜，直到現在我才開始在意起死後的世界。

不知我先生在那個世界是否安好？我該做些什麼才能幫到他呢？請美輪老師給我建議。

A

回答

顧好自己就能讓先生安心

我覺得「任何人都能進的墓園」是正確的選擇。可以按照自己的喜好設計墓地很不錯，例如吉他的形狀之類，您夫妻二人很早以前就想好要設計成怎樣的墓地吧。

話說回來，是否要祭拜往生者，完全取決於留在世上的人。以我自身爲例，這六十年來我每天都在佛堂誦經三十到四十分鐘，因爲這麼做可以讓我心安，覺得「盡了自己一份心力」。

您先生的老家信奉神道教是吧。首先，您必須瞭解：供奉往生者與其說是爲了對方好，更多是爲了安自己的心。在這個前提下，建議您多諮詢幾家神社的神主。神社也有許多種類和規模，不妨親自前去問問？不管是歷史淵源已久的古老宗教，或是新興宗教，都是有眞有假，務必要小心喔。

同樣道理，不管是神社的神主或寺廟的僧侶，既有德高望重之人，也有人品不怎樣的人，有修行不夠之人，也有尚在修行的人。一定要牢記此事，時刻提醒自己不要被騙。

您問：「不知我先生在那個世界是否安好？」由於我不是通靈人士，無法回答您這個問題。世人經常誤會我有這種能力，其實我沒有。

靈魂是否存在，其實是關乎於心的問題，也是關乎知識和思考的問題。宗教的前提是靈性世界的存在，我不認同只憑「不合乎科學」這一點，就全然否定宗教。因爲，人類的科學發展目前也只是處於半開發的階段。

不過，有一點我可以確定的是：最好別在您先生的墓前抱怨或是哭泣哀歎。因爲，佛教中的「成佛」意指「往生者安心前往西方極樂世界」。

這位女士您首先該做的是顧好自己，讓先生知道「我會在這個世界好好過日子」，讓他毫無罣礙地待在另一個世界。

這麼做不僅能幫到您先生，更重要的是拯救您自己。說到底，能夠拯救自己的，終究是自己，請您一定要好好地愛惜自己。我想，這才是對您先生最好的供奉。

Q?

37

某政治家害得我對世事漠不關心

男性 40多歲

我很討厭某位有權有勢的政治家，甚至到了看見他就會引發生理抗拒反應的程度。

除了我不認同他所推出的政策，還有一個理由是他給我的感覺就像學生時代班上那種「話不投機半句多」的同學。

對於那樣的同學，爲了不讓自己感到不愉快，我會盡可能不去靠近他，刻意選擇無須跟他說到話、可以保持安全距離的座位，只爲了不讓對方干擾自己的生活節奏。

如今，我已是中年的社會人士，越發覺得這樣的做法是爲了讓自己在世上好好生存下去的人生智慧。

具體來說，只要他一出現在電視的螢幕上，我就會馬上關掉電視。如果報紙上有他的相關報導，或是他的照片，就連閱讀其他報導的興致也沒了。我想，自己那時的表情想必是一臉嫌棄吧。

不過，長久以來遠離電視新聞和報紙，也讓我對世間的資訊變得越發生疏。經常被家人嘲笑：「老爸，這麼大的新聞你怎麼會不知道？」都怪那個政治家，阻礙了我吸收重要的資訊。

另一方面，我又覺得「無論那傢伙再討人厭，自己還是應該關心社會大事才對」。美輪老師，請問我該怎麼做才好？

A

回答

就算不喜歡，仍要關心世事喔！

首先，我想告訴您：對「那位政治家」有那種負面的抵觸感情，絕對不是只有你一人喔！

不過，我還是想勸您：就算「不想看到那個人的臉」、「會引發生理抗拒反應」，爲了這些「不值一提的有毒之人」，妨礙自己吸收政治、社會或國際事務等重要議題的新知，未免太可惜了！不是嗎？因爲這種政治家害得自己被家人嫌棄沒知識，實在太虧了，而且太丟臉了。

與其因噎廢食，用冷靜清醒的眼光關注這個社會才是良策。即使是許多人討厭的政治家，還是有人支持，才能透過選舉步上政壇。理由在於這些人得到的選票，大多是組織票。（譯註：投票時，由各種團體或組織支持特定候選人或政黨而投出的票。）企業或團體爲了圖利自己，才支持這些候選人，也就是雙方之間有利害關係綁定。我想應該有不少人「雖然投給這個人，其實很討厭他」。

自然界裡有許多有毒物種，諸如毒蛇或是有毒植物，多的是可怕的動植物。人類中同樣也有身帶猛毒之人。而且，有毒之人獲得支持，成爲手握重權的掌權者，在歷史上並非稀奇之事。因此，像您這樣對某個政治家心懷嫌惡是很正常的。

不過，爲了您自己好，還是應該多看新聞報導接收新知。就像美國有很多人對川普總統深惡痛絕，與此同時也有大批民眾非常支持他，其評價在國內兩極分化。就現今的全球情勢看來，各國都面臨著相似的難題。因此，就算討厭對方，您也要正視給自己國家帶來影響的人，而不是一味逃避。

不看電視新聞就無法分析時事。也許經過自己的觀察分析，您會覺得那個討人厭的政治家「其實也是個可憐人」。

會對那個人感到憤怒或生氣，原因在於您認爲對方理應是正直之人，而且應當具備一定程度的品格。倘若您經常關注新聞報導，也許就會明白「這個人不僅是個不合格的政治家，做人也很失敗呢」。如此一來，就能無視他的存在，專注在其他更重要的新聞吧。

千萬別忘了，不管那位政治家再怎麼糟糕，支持這種人的國民也有責任。爲了不放過對方的虛假言行，您更該時刻監視對方，以科學家清醒的眼光，冷靜觀察「有毒之人」的生態。

38 住在「原爆之城」讓我很不安

女性 30多歲

我是三十歲後段班的女性。有一件事希望美輪老師可以給我建議。

國小的時候，我曾讀過以原子彈爆炸爲主題的漫畫《赤腳阿元》（はだしのゲン），自此之後我一直覺得廣島是個「可怕的地方」，一想到漫畫裡的內容，夜裡還會怕得睡不著覺。這麼說對住在廣島的人們很抱歉，從前我甚至想過「自己這輩子應該都不會踏足廣島這塊土地吧？」

也許是緣分使然，我在幾年前結婚了，對象就是老家在廣島的人。我跟先生是同齡人，如今也有了兩個小孩。每次返鄉回到先生的老家廣島，我也覺得「這個鄰近瀨戶內海的城市眞是個好地方」。

只是，結婚當時完全沒想到的是，之後我們一家會因爲先生想「回鄉發展」，從關東搬到廣島的市中心定居。當初我先生爲了讀大學來到東京，之後一直住在此地工作。就在幾天前，他在廣島的新工作也決定了。

暫時的返鄉和長久的定居畢竟還是不同，我感到非常不安。小時候對這片土地的恐懼，至今仍根植在我的腦中。就這麼搬到那邊的話，我能在當地好好生活嗎？會不會引發壓力呢……？

我跟先生坦承自己的擔憂以後，他安慰我：「如今的時代既和平又安全。根本沒什麼好怕的，你就放心吧。」可我心裡還是覺得很不安啊。

如果想要在這片土地上樂觀地好好生活，我該如何是好呢？

A

回答

您應該先瞭解戰爭的原委和危害

這位小姐對廣島的偏見似乎很深呢。爲何要害怕呢？又不會有幽靈出現。眞正值得害怕的，是戰爭啊。戰爭才是最可怕的。

因爲那場戰爭，當時不僅是廣島，整個日本都被燒成了焦土。如今的街景雖然看不出一絲戰爭的痕跡，建議您看看東京、橫濱、大阪在大空襲後的照片，感受一下戰爭帶來的危害有多麼慘烈。

那時我在長崎也遭遇了原子彈爆炸。所幸長崎有山和丘陵保護人們免於爆風，廣島的災情就很嚴重了。在那場戰爭裡，全日本都化成了灰燼。這樣就要說「可怕」的話，您目前爲止居住的城市不也一樣嗎？

比起擔心這個，更重要的是瞭解引發戰爭的原委。現在的孩子和年輕人們對日本那段不堪的歷史和悲慘的過去，實在是知之甚少。難道是害怕被家長們投訴「不該跟小孩說那麼殘酷的事情」，學校老師們才不教這段歷史嗎？

我真心覺得，教育委員會的人和教師們必須先重新教育才對。這位小姐也不該忽視戰爭的原委和危害，應該更主動一點去瞭解這部分的歷史。

廣島的「原爆圓頂館」不僅是反戰的象徵，同時也是聞名全球的世界遺產。這樣的地方怎麼會可怕呢？能夠住在那附近，對孩子而言是絕佳的教育機會，絕對不是什麼壞事。況且，廣島還有同樣被列入世界遺產的宮島（嚴島神社），那可是風景相當優美的景點呢。

感覺您似乎有些負面思考的傾向，才會將廣島與原爆無條件地連結在一起，覺得「廣島＝原子彈爆炸」。建議您看待事情時不要太情緒化，先試著冷靜分析狀況。有時轉換一下角度，切換成正向思考也很重要。

還有一點我想提醒您，人只要活著，免不了會面臨壓力或是痛苦的抉擇，文化的存在意義就是爲了緩和日常生活給人們帶來的苦。舉凡美術、文學、音樂、運動、藝文表演等，這些難以計數的文化活動，可不是爲了讓人奢侈享受才存在的。

建議您不妨在家中裝飾鮮花，或是在醒目之處擺放知名畫家的作品（不一定要眞品，照片也可以），在生活空間裡加入一點浪漫的元素。您現在才三十多歲，還有不少成長的空間呢。

Q

39

強迫推銷讓我很焦躁！

家管　50多歲

我是五十多歲的全職主婦。

主婦聽起來悠閒，可這幾年我一直忙於照顧娘家年邁的母親，還有住在照護機構的父親，每天忙得不可開交，其實很累。所以，對於接二連三上門拜訪的業務員，還有鎮日打個不停的電話推銷，我總是格外地焦慮。

諸如土地、不動產的相關業務推銷，或是證券、投資信託的業務專員，多的時候一個禮拜甚至會來個好幾次。遇到春天的畢業求職潮，新進員工的上門推銷也會大增。「您好，打擾一下！」聽到門鈴響起，開門一看，又是推銷員！每次拒絕對方關上門的那一刻，我眞的很想尖叫：「啊!!煩死了！」

不僅上門推銷，就連平時有往來的金融機構業務專員，也常惹火我。都已經說了「不好意思，我很忙」，對方還是會突然登門拜訪，向我推銷各種金融商品。

我明白他們這麼做也是不得已的，但這種只顧自己方便，全然不顧及我的強硬態度，實在叫人生氣！

我這樣是不是器量太過狹小？還是應該放寬心胸，即使遇到討厭的人，也要以寬大的心胸包容對方呢？該如何從容應對這類狀況呢？

希望美輪老師可以給我建議，謝謝。

A

回答

其實我都是直接罵人掛電話（笑）

這位諮詢的女士，我非常懂您的心情。因為我家也常有推銷員打電話來。近年來電話詐騙猖獗，打電話推銷容易被誤會，直接上門的話，又怕被當成小偷在勘查地形。我家除了監視攝影機，還安裝了防盜系統公司的警民連線呢。話說回來，死纏爛打的推銷員的令人傷腦筋。

我雖不至於三天兩頭就被騷擾，可一旦真心動怒，也會破口大罵對方喔。意不意外（笑）？其實，對方也是為了生計才這麼做，因為達到業績目標才能抽佣金，不然只能領底薪。如果做不到業績，還會挨主管罵、被同事瞧不起。對方也做好覺悟，明知會被討厭，也要硬著頭皮這麼做。「我要努力賺錢養老婆小孩！」

有時我甚至能感覺到對方悲壯的決心。

因爲明白對方的苦衷，一開始我也是好聲好氣地婉拒。可不管說了多少次「我不需要」，同一人還是一直打來。這麼一來，脾氣再好的人都會受不了吧。我跟這位女士一樣動怒了。那我如何應對呢？我的做法是：直接發火，跟對方說：「你再這樣糾纏，我就報警抓你！」

這位女士住的是獨棟的透天厝吧？獨棟房的話，業務員連您家的土地登記資料也查得到呢。

想遏止這些人上門騷擾，最基本的方法就是：在自家玄關貼上「謝絕推銷」的紙條。還沒見到面就先發制人，讓對方知道你的立場是「不賣」、「不買」。

至於「不煩躁的方法」……。老實說，我對這種事的容忍度很低，是特別容易發火的類型。眞要說的話，恐怕只能建議您：「不如直接破口大罵，嚇退對方？」

不過，還是先在玄關貼上「謝絕推銷」的紙條。至於死纏爛打的電話推銷，建議直接罵人掛電話（笑）。「煩死了！別再打了！不然我告死你！」無論打來的是知名不動產公司或是一流大銀行，一律這麼處理就對了！

Q 40

被寺廟高齡住持侮辱的回憶

女性 50多歲

我是五十多歲的女性。父親往生以後，骨灰依照母親的願望，在家中的起居室放了一年。事情發生在父親一周年忌日（對年）納骨的時候。我家的墓地位於某寺廟內，法事由我自幼就認識的年老住持主持。誰知法事才剛開始，我就發現對方的狀況有異。

一開始打招呼時他就有些口齒不清，連往生者（我父親）的名字都搞錯，接下來的誦經更是全程嘟嘟囔囔、含糊不清。誦經結束後有關法事的討論，更是讓我們一家困惑至極。

「聽說〇〇先生（父親的名字）捐贈了大體。從前捐贈大體都要三年左右，現在一年就能回來喔……。」到底在說什麼啦！然後他又說：「你們家只剩三個女人家，沒有男性繼承人，要是做不滿三十三周年忌（譯註：日本許多佛教宗派認爲，往生者死後過了三十三年均已前往西方極樂世界，之後無須再辦個人的法事。）該怎麼辦？眞是傷腦筋啊。」只顧著操心寺方的事，完全沒在顧及我們家屬的心情。

看樣子，這位年老的住持似乎有些失智，由於父親離世後，骨灰沒有馬上放入寺內的家族墓地，他才誤以爲大體捐贈了吧。

法會結束後，我問母親：「包了多少給那間寺廟？」她說包了幾十萬。老實說，我眞心覺得「沒必要包這麼多給那種和尚」。

父親的名字被搞錯時我眞的很氣，感覺老人家被對方侮辱了。不知父親本人在天上看到這副景象，心裡做何感想？我想請問美輪老師，從這件事我可以學到什麼啟示呢？

A

回答

人都會老，心懷慈悲看待吧！

您說的這件事，就某個層面來說，其實是無可奈何的事情。聽說目前很多寺廟正因爲人手不足、後繼無人而傷腦筋。您說對方口齒不清、連您父親的名字都搞錯……，這眞是太悲傷了。

您目前身體健康，所以只能從健康人的角度看待此事。可在我看來，只覺得無限感傷。諸如此類的事，在高齡化浪潮席捲的現代日本社會，正在隨處發生。

首先，那位老住持沒有惡意，這一點您也很清楚吧？

至於您父親的名字被搞錯一事，與其覺得被對方侮辱，是否可以從慈悲心出發，「對方不是故意的，只是年紀大了才會搞錯。」試著體諒一下老人家呢？

這類事情今後只會越來越多，這次的事您要是不豁達一點，今後遇到一點小事，恐怕都要生氣抱怨：「那時我遇到那樣的爛事！」平白惹得自己不開心。

您問：「從這件事我可以學到什麼啟示呢？」我可以回答您：「學習平和地面對老年。」您已經五十多歲了，再過幾年也會輪到您。

聽說現在不論是寺廟或神社，許多地方都無人管理。人口稀少的村落或小鎮，商店街也都拉下鐵門停止營業。知道這件事之後，您對那位住持的看法也會改變吧。日本的每一個城市都在衰退凋零。希望您能正視自己、家人，還有住在日本的所有人目前所處的狀況。

健康問題、少子高齡化、經濟不景氣、人手不足，如今的日本正面臨諸多的難題。身為這個社會的一分子，您勢必也將受到社會變化的影響。

與其責備對方的錯誤，不如多擔心那位住持和您自己。例如：「老人家的失智症已經嚴重到這個地步，今後誰來照顧他呢？」、「有沒有人接任他的工作呢？」「如果我也變成那樣，該怎麼辦？」這些問題應該都不難想像吧。

在不遠的將來，應該會有很多人身不由己徘徊街頭，對不認識的人問道：「請問，我要去哪裡？」這種情況絕非特例，而是如今日本的現狀啊。

後記

連我自己都快忘記有多少個年頭了，眞心感謝讀者們長久以來對《朝日新聞》週六版〈be on Saturday〉專欄「煩惱大悶鍋」的支持。

在這個世上，從幼小的孩童乃至高齡的老者，生而爲人，又有哪個人可以毫無煩惱、痛苦或是自卑呢？舉凡疾病、受傷、人際關係、工作……，人活在世，每個人都有各式各樣的煩惱。

像是：扛著諸多煩惱度日之人、身陷孤獨地獄有苦難言之人……，在這個什麼都追求數位化的社會，人們煩惱的數目與種類恐怕只會與日俱增。

就算大家來信諮詢，想要尋求擺脫煩惱的解答，我也無法提供完美解決問題的正確解答，只能給出幾個可能會有幫助的方案。同時，礙於篇幅有限，部分的說明也可能不盡完善。

各位在閱讀本書之際，還請體諒以上的事由，多多包涵。

本書的書名之所以定爲「安穩生活的人生解憂諮詢室」，理由在於我覺得在現今的年代，想要內心安穩平靜地活著，似乎變得更爲困難了。

在此衷心祝願，令和時代對各位讀者而言，是比先前更加安穩平順的新時代。

美輪明宏

本書內容為二〇一五年八月～二〇一九年一月刊載於《朝日新聞》週六版〈be on Saturday〉「煩惱大悶鍋」專欄中的四十篇文章，經重新改寫編輯而成。

強運達人美輪明宏
日本全民導師40堂安穩生活的人生解憂諮詢室

作　　者　美輪明宏
譯　　者　鄭淑慧
編　　輯　蔡欣育
校　　對　李映青
封面設計　許晉維
內頁編排　劉孟宗
出　　版　白金文化有限公司
專　　線　03-3277809
地　　址　220 新北市板橋區樂群路 20 號 11 樓
郵　　件　sophie@platinumpublishing.net
初　　版　2025 年 1 月

法律顧問　毅大法律事務所吳宏毅律師
總 經 銷　大和書報圖書股份有限公司
電　　話　02-89902588
印　　刷　呈靖印刷有限公司

國家圖書館出版品預行編目資料

強運達人美輪明宏：日本全民導師 40 堂安穩生活的人生解憂諮詢室 / 美輪明宏著；鄭淑慧譯．初版．新北市：白金文化有限公司，2025.01．224 面；13X19 公分
譯自：おだやかに生きるための人生相談
ISBN 978-626-99292-1-4(平裝)
1. 人生哲學 2. 自我實現 3. 生活指導

191.9　　113018984